Petra Hölzel
Wolfgang Hölzel

Das Reitabzeichen

Vorbereitung auf die praktische und theoretische Prüfung

19., aktualisierte und erweiterte Auflage

KOSMOS

Impressum

Mit 159 s/w-Illustrationen: davon 20 Renate Blank, Redefin, 2 TGA Kropf, 17 aus dem Kosmos-Archiv, alle anderen Gisela Holstein, Irland.
Farb-Illustrationen der inneren Umschlagklappe: Marianne Golte-Bechtle, Stuttgart. Fotos Cira Moro, Stuttgart. Foto der äußeren Umschlagklappe: Jean Christen, Mannheim.

Umschlaggestaltung von Atelier Reichert, Stuttgart, nach einer Konzeption von eStudio Calamar; Titelfoto von Cira Moro, Stuttgart. Foto auf dem Buchrücken von Bernd Schellhammer, Großstadelhofen.

Die Deutsche Bibliothek – CIP-Einheitsaufnahme

Ein Titelsatz für diese Publikation ist bei
Der Deutschen Bibliothek erhältlich

KOSMOS Postfach 10 60 11
D-70049 Stuttgart
TELEFON +49 (0)711-2191-0
FAX +49 (0)711-2191-422
WEB www.kosmos.de
E-MAIL info@kosmos.de

ISBN 3-440-08161-3
Redaktion: Claudia König
Grundlayout: Friedhelm Steinen-Broo, eStudio Calamar
Satz: TypoDesign, Radebeul
Printed in Germany / Imprimé en Allemagne
Druck und Buchbinder: Westermann Druck Zwickau GmbH, Zwickau

Das Reitabzeichen

Vorwort zur 1. Auflage

Aus Erfahrung weiß ich, daß der Reiter bei der Vorbereitung auf die Prüfung zum Reitabzeichen bisher mehrere Fachbücher gebraucht hat, aus denen er Wichtiges oder Überflüssiges zusammensuchte. Oder aber der theoretische Unterricht wurde durch das Mitschreiben dauernd gestört.
Mit diesem Buch möchte ich dem jungen Reiter und dem jungen Reitlehrer helfen, in klarer Form alles zu finden, was sie für die Prüfung wissen und lernen sollen.
Mein Dank gilt Fräulein Hanna Hock, Herrn Dr. Pilzecker †, Herrn Dr. Waldraff, meinem Bruder Manfred Hölzel und Herrn Herbert Schweizer, die durch ihre Kritik und Mitarbeit zur jetzigen Form des Inhaltes beigetragen haben. Vor allem danke ich meiner Mitarbeiterin, Frau Gisela Holstein (Irland), für ihre wertvollen Skizzen und Zeichnungen.

Wolfgang Hölzel

Vorwort zur 19. Auflage

Die veränderten Bestimmungen und die Einführung zahlreicher neuer Reitabzeichen machten wieder eine gründliche Überarbeitung und Erweiterung dieses Buches notwendig. Ich habe versucht, die Veränderungen im Sinne meines verstorbenen Mannes Dr. Wolfgang Hölzel einzuarbeiten.
Neu hinzugekommen sind einmal der Basispass Pferdekunde als Voraussetzung für das Kleine Reitabzeichen, zum anderen die auf die Schwerpunkte Dressur bzw. Springen spezialisierten Abzeichen in Bronze und Silber sowie die nach entsprechenden Anforderungen untergliederten Abzeichen »Silber mit Lorbeer«. Auch neue Abbildungen bereichern diese Auflage.
Seit dem ersten Erscheinen des Buches vor 32 Jahren haben bei den verschiedenen Auflagen viele Personen mitgewirkt, denen mein herzlicher Dank gilt: Dr. Dietmar Specht †, Frau Lempa-Röller, Frau von Hartmann, Herrn Hess, Herrn Dr. Wagner, Frau Wentrup (alle Mitarbeiter der FN in Warendorf), Dr. med. vet. Breuer, Sassenberg, und Herrn Manfred Hölzel, Stuttgart.

Petra Hölzel

Verzeichnis der Abkürzungen

APO	Ausbildungs- und Prüfungsordnung
CCI	Concours Complet International (Internationales Vielseitigkeitsturnier)
CI	Concours International (Internationale PLS)
DBS	Deutscher Behinderten-Sportverband e.V.
DFA	Deutsches Fahr-Abzeichen
DL	Dressur L
DM	Dressur M
DRA	Deutsches Reitabzeichen
DRV	Deutsche Richtervereinigung für Pferdeleistungsprüfungen
DSB	Deutscher Sportbund
DVA	Deutsches Voltigier-Abzeichen
FN	(Fédération Equestre Nationale) Deutsche Reiterliche Vereinigung
GV	Vielseitigkeit Kl. M und S und Große Vielseitigkeit
HDP	Hauptverband für Zucht und Prüfung deutscher Pferde e.V.
IPZV	Islandpferde-Reiter- und Züchterverband e.V.
Kalender	Kalender für Pferdeleistungsprüfungen
Kat.	Kategorie
Kl.	Klasse
KRA	Kleines Reitabzeichen
LK	Landeskommission
LP	Pferdeleistungsprüfung
LPO	Leistungsprüfungsordnung
LV	Landesverband der Reit- und Fahrvereine
PLS	Pferdeleistungsschau
PS	Pferdeschau
SL	Springen L
SM	Springen M
VL	Vielseitigkeit Kl. L
WN	Wertnote

Was ist der Sinn des Reitabzeichens?

Der Reitsport ist für den, der gegen sich selbst ehrlich ist, mit einem ständigen Wechsel von Hoch- und Tiefpunkten verbunden. Nach der einen Stunde hat man das Gefühl: »Heute hat es großartig geklappt", aber vielleicht schon am nächsten Tag führt man niedergeschlagen sein Pferd aus der Bahn und denkt: »Ich lerne es nie!"
Oft weiß man nicht einmal genau, ob es an einem selbst oder am Pferd lag, wenn es gut oder schlecht gegangen ist. Vor allem bei einem Mißerfolg sollte man jedoch die Schuld zuerst bei sich selbst suchen! In einer besonders schwarzen Stunde beneidet man vielleicht Leichtathleten, Schwimmer oder Tennisspieler, die Versagen und Erfolg wenigstens ganz ihren eigenen Kräften zuschreiben können, während beim Reiten immer die unbekannte Größe »Pferd« mit im Spiele ist. Jeder Reiter wird sich also nach einiger Zeit fragen: Was kann ich denn nun wirklich, und wie kann ich einmal objektiv prüfen, was ich gelernt habe? Vielleicht fragen auch die Eltern eines Jugendlichen: »Wie steht's denn? Was kommt denn raus für das viele Geld?« Oder ein Freund, der nichts vom Reiten versteht, erkundigt sich: »Du reitest doch schon zwei Jahre. Wann kannst du es denn endlich?« Wenn man auch dem ahnungslosen Freund sogleich antwortet, daß man beim Reiten nie auslerne, würde man doch gerne mit Stolz sagen, daß man ein Reitabzeichen habe.
Gerade ein Jugendlicher, der im Sport weiterkommen will und ein Jahr lang wöchentlich seine zwei Reitstunden genommen hat, möchte eine Bestätigung für das haben, was er erreicht hat. Aber auch der Erwachsene braucht oft ein Ziel, einen Wegstein, der seinen Ehrgeiz anspornt und seiner Freude am Reitsport neuen Auftrieb gibt. Sogar wer ein eigenes Pferd besitzt, aber weder auf Turniere gehen will noch andere große Ambitionen hat, sondern nur für sich und aus Freude an der Sache in der Bahn und im Gelände reitet, möchte eines Tages wissen: »Was kann ich eigentlich?« Für diejenigen, die sich in erster Linie für das Reiten im Gelände interessieren, gibt es seit dem 1. Januar 1976 eine eigens auf sie zugeschnittene Prüfung, den Reitpass (vgl. Hölzel, »Der Reitpass«, Stuttgart).
Einen praktischen Zweck erfüllt das Reitabzeichen, wenn man in eine fremde Reitschule kommt: Der Reitlehrer kann sich sogleich ein Bild von den Fähigkeiten seines neuen Schülers machen, wenn dieser ihm sagt: »Ich habe das Reitabzeichen in Bronze oder Silber.«

Wer als Reiter weiterkommen will, der möchte sein Können irgendwann einmal von einem unparteiischen Richterauge beurteilen lassen. Wenn er sich endlich das ehrlich erworbene Abzeichen an seine Reitjacke heften kann, darf er mit Recht stolz sein auf seine Leistung und in diesem Erfolg – den man in jedem Sport braucht, um nicht die Lust und den Mut zu verlieren – einen Ansporn und Auftrieb finden.

Begrüßenswert sind die neuen vielfältigen Möglichkeiten, ein Abzeichen zu erwerben, das Können und Wissen im Reitsport und im Umgang mit dem Pferd unter Beweis stellt.

Neu ist vor allem die Einführung des Basispasses Pferdekunde, durch den grundlegende Kenntnisse und Fertigkeiten im Umgang mit dem Pferd nachzuweisen sind und der Voraussetzung für die Geländeabzeichen und für die deutschen Reitabzeichen ist. Das gilt also auch für das Kleine Reitabzeichen (DRA IV), das bisher ohne vorhergehende Prüfung abgelegt werden konnte.

Die Prüfungen für das Kleine und das Große Hufeisen für Kinder und Jugendliche (vergleichbar dem Kleinen Seepferdchen im Schwimmsport) wurden erweitert um das Kombinierte Hufeisen, das andere Sportarten integriert und auch den Mannschaftsgedanken fördern soll: Zusätzlich zum Grundblock (Reiten bzw. Voltigieren) wird ein sog. Ergänzungsblock (z. B. Laufen, Schwimmen, Radfahren) auch Mannschaftssportarten, gefordert. Aus den beiden Blöcken müssen drei Teilprüfungen absolviert werden, also kann Reiten bzw. Voltigieren mit zwei weiteren Sportarten oder Reiten mit Voltigieren und einer weiteren Sportart kombiniert werden.

Dasselbe gilt für die Kombinierte Reiternadel: Zusätzlich zum Grundblock wird hier ebenfalls ein Ergänzungsblock angeboten, der zahlreiche Sportarten, einschließlich vielfältiger Mannschaftssportarten umfaßt.

Nach wie vor kann das DRA III (Bronze) nur von Bewerbern abgelegt werden, die mindestens 3 Monate im Besitz des Kleinen Reitabzeichens (DRA IV) sind. Dieses ist Voraussetzung für die Teilnahme an Wettbewerben der Leistungsklasse 6. Das Bronzene Abzeichen ist Voraussetzung für die Reitwartprüfung. Mit einer zusätzlichen Lizenzprüfung (Dressurreiterprüfung bzw. Stilspringprüfung Kl. A mit Wertnote 5,0 und besser auf einem Turnier) berechtigt es zum Reitausweis, der für die Teilnahme an Wettbewerben der Leistungsklasse 5 (von der Kat.B Kl. A an aufwärts) erforderlich ist.

Neu ist – bei entsprechend höheren Anforderungen – die Möglichkeit der Spezialisierung für Bewerber, die im laufenden Kalenderjahr mindestens 22 Jahre alt werden: So entfällt für das DRA III (Bronze/Dressur) das Springen. Stattdessen werden eine Dressurprüfung Kl. L auf Trense, das Reiten im leichten Sitz im Trab und Galopp nach Weisung der Richter im Außengelände und im theoretischen Bereich ebenfalls Kenntnisse im Rahmen der Kl. L (Dressur und Springen) verlangt. Für das DRA III (Bronze/Springen) entfällt im praktischen Teil die Dressurprüfung. Statt ihrer werden das Reiten von Elementen der Dressurausbildung von Springpferden, das Reiten im Außengelände, eine Stilspringprüfung Kl. L mit Standardanforderungen und theoretisches Wissen im Rahmen der Kl. L gefordert.

Für das Silberne Abzeichen (DRA II) besteht neben der ursprünglichen Prüfung in drei Teilgebieten ebenfalls die Möglichkeit der Spezialisierung auf Dressur bzw. Springen bei erschwerten Bedingungen. So ist für das DRA II (Silber/Dressur) eine Dressuraufgabe der Kl. M auf Kandare zu reiten, für das DRA II (Silber/Springen) eine Stilspringprüfung der Kl. M. In beiden Spezialprüfungen wird im Bereich der Reitlehre auf dem Niveau der Kl. M geprüft. Außerdem kann das Silberne Abzeichen aufgrund von Turniererfolgen (Einzelerfolgen) im In- und Ausland (ab 1.1.1973) verliehen werden (Genaueres s. S. 142 ff). Das Silberne Abzeichen wird für die Zulassung zur Prüfung als Trainer A oder Richter gefordert.

Neu ist auch das DRA I (Silber mit Lorbeer), das sowohl in drei Teilprüfungen im Bereich der Kl. M, als auch in jeweils zwei Teilprüfungen auf dem Niveau der Kl. S erworben werden kann: Für das DRA I (Silber/Dressur) wird eine Dressurprüfung der Kl. S verlangt, für das DRA I (Silber/Springen) eine Springprüfung Kl. S mit Hindernissen bis 1,45 m. In beiden Prüfungen muß der Bewerber auf dem Gebiet der Reitlehre Kenntnisse im Bereich der Klasse S nachweisen.

Das Deutsche Reitabzeichen in Gold (bisher DRA I) wird nur aufgrund von Turniererfolgen verliehen.

* | aus APO, Ausgabe 2000, § 2100–2106

Was vor der Prüfung zu bedenken ist

Ein Reitabzeichen wird nicht einfach von heute auf morgen »gemacht«. Es kostet Zeit, Geld und Energie. Darüber muß sich der Anwärter vorher klar sein, wenn er nicht ohne ausreichende Vorbereitung in die Prüfung gehen oder von unvorhergesehenen Ausgaben überrascht werden will. Wer nicht ohnehin häufig reitet (d. h. mindestens zweimal in der Woche!), muß mit einer – je nach Bedarf – mehr oder weniger großen Anzahl von Extrastunden rechnen. In den meisten Fällen ist es dringend zu raten, mehrere Einzelstunden in Dressur und Springen zu nehmen. Auch für den theoretischen Unterricht muß man die nötige Zeit mitbringen, ganz abgesehen davon, daß der theoretische Stoff gründlich gelernt und verstanden sein will.

Die Prüfung – mit einer kleinen Nachfeier – dauert bei mehreren Kandidaten meistens einen knappen Tag; am günstigsten dafür ist wohl Samstag oder Sonntag.

An finanziellem Aufwand ist außer den zusätzlichen Reitstunden die Prüfungsgebühr zu rechnen, die in den einzelnen Vereinen verschieden hoch ist und sich außerdem danach richtet, ob man sein eigenes Pferd oder ein Schulpferd reitet. Man muß zwischen DM 30 und DM 100 rechnen. Hinzu kommt der Preis für das Abzeichen selbst, das aus einer kleinen und einer größeren Anstecknadel besteht. Das Reitabzeichen in Gold wird ohne Gebühr verliehen. Eventuell notwendige Anschaffungen zum Reitanzug können teuer sein. Aber vielleicht ist ein guter Freund bereit, mit einer Reitkappe oder einem schwarzen Jackett auszuhelfen.

Für die Motivationsabzeichen (Hufeisen und Reiternadel) sind Reitstiefel vorteilhaft, aber nicht unbedingt erforderlich. Doch sollte wenigstens die Oberbekleidung der Gruppe einheitlich sein: zum Beispiel schwarze Pullis und weiße Hemden bzw. Blusen oder nur das letztere. Die Farbe der Hose ist nicht vorgeschrieben. Wenn ein Reiter als einziger bereits eine weiße Turnierhose besitzt, sollte er sie aus Rücksicht auf seine Mitreiter lieber im Schrank hängen lassen. Am besten ist es, die Kleidung nach dem Motto auszusuchen: lieber die bequemere Hose statt der schöneren, die vielleicht irgendwo spannt!

Für den Reitanzug bei allen übrigen Abzeichen gelten folgende Empfehlungen: weiße oder beige Hose, Stiefel und ein einfarbiges, gedecktes Jackett; dazu gehören weißes Hemd, weiße Krawatte oder Plastron und weiße Handschuhe.

Als Kopfbedeckung ist für Junioren (Bewerber, die im laufenden Kalenderjahr mindestens 18 Jahre werden) im Bereich der Kat. C (Kl. E), also für das Kleine Reitabzeichen (Kl. IV), ein bruch- und splittersicherer Reithelm mit Drei- bzw. Vierpunktbefestigung Vorschrift.* Dies gilt auch für alle Spring- und Geländeprüfungen. In den Dressurprüfungen von Kl. A an aufwärts wird (vor allem in den höheren Klassen) eine Melone bzw. ein Zylinder getragen.
Sehr wichtig ist die Frage nach dem geeigneten Pferd. Bei Reitern von Schulpferden liegt es in der Hand des Reitlehrers, für jeden Reiter das möglichst passende, seiner Veranlagung und seinem Können entsprechende Pferd zu finden. Eventuell ist auch der eine oder andere Besitzer bereit, sein Privatpferd für die Prüfung zur Verfügung zu stellen.
Privatpferde-Besitzer, die ein Abzeichen machen, können ihre Pferde untereinander austauschen: Der eine hat vielleicht ein Pferd, das gut und willig springt, sich dagegen nicht für Dressur eignet, während es beim Pferd seines Reiterkameraden gerade umgekehrt ist. Je Prüfung sind jedoch pro Pferd/Pony nicht mehr als zwei Bewerber erlaubt.
Der Pferdebesitzer, dessen Pferd zwar den gewöhnlichen Anforderungen in der Bahn und im Gelände genügt, dem jedoch für das Reitabzeichen die letzte Durchlässigkeit oder Exaktheit noch fehlt, sollte sein Pferd einige Wochen vor der Prüfung zu seinem Reitlehrer oder einem fortgeschritteneren Reiter in Arbeit geben. Als sehr erfolgreich – vor allem auch für Prüfungsvorbereitungen – hat sich das mentale Training erwiesen. So früh wie möglich vor Ihrer Prüfung beginnen Sie damit, sich immer wieder ohne Pferd vorzustellen, wie Sie die einzelnen Lektionen, die Dressuraufgabe oder den Parcours reiten. Schließen Sie dabei die Augen, stellen Sie sich den Reitplatz ganz genau vor und sprechen Sie in allen Einzelheiten laut aus, was Sie machen und wie sich das anfühlt. Tragen Sie ruhig diesen »geistigen Ritt« Ihrem Reitlehrer vor, bauen Sie dessen Korrekturen und das, worauf Sie achten wollen, an den entsprechenden Stellen ein. Sie erzielen dabei einen sehr guten Übungs- und Lernerfolg, werden sicherer und vermindern Ihre Prüfungsangst erheblich. Anfangs wird das Vorstellen und Nachempfinden von Bewegungen mit dem Pferd schwerfallen – es kommen immer wieder andere Gedanken dazwischen! Lassen Sie sich dadurch nicht

* Empfohlen wird ein Schutzhelm, der der europäischen Norm »EN 1384« 1996 genügt.

entmutigen, nach den ersten Versuchen wird es zunehmend besser klappen (vgl. hierzu Petra und Wolfgang Hölzel, »Mentales Training für Reiter«, Stuttgart).

Für Reiter von Schul- und Privatpferden gleich wichtig ist die Frage: »Wie lange muß ich mein Pferd abreiten?« Da die Abreitezeit keineswegs bei allen Pferden gleich ist, muß man während des Übens genau herausbekommen, wie lange das eigene Pferd braucht, bis es gelöst ist. Erst dann – und auf keinen Fall früher – können die versammelnden Lektionen beginnen. Beim Abreiten und gerade bei Pferden, die schwierig »an die Zügel zu reiten« sind, ist es wichtig, immer wieder Pausen am langen Zügel einzulegen, damit die Pferde bei der Prüfung nicht anfangen, mit dem Kopf zu schlagen oder sich hinter dem Zügel zu verkriechen, weil sie einfach nach einiger Zeit in Genick, Ganaschen und Halsmuskulatur ermüden. Wesentlich ist es auch, rechtzeitig mit dem Abreiten aufzuhören und nicht über den Höhepunkt hinaus weiterzumachen, bis das Pferd wieder schlechter wird. Vielleicht braucht man vor der Prüfung wegen der Aufregung noch ein bißchen mehr Zeit, bis das Pferd völlig losgelassen und durchlässig ist. Dauert es bis zum Beginn der Aufgabe länger als berechnet, so kann man die Zeit durch Pausen mit hingegebenen Zügeln ausfüllen. Für Pferde und Reiter wäre eine Generalprobe mit der Prüfungsatmosphäre (Kleidung, Zuschauer) natürlich eine gute Vorbereitung, um die Aufregung zu überwinden.

In jedem Fall aber sollten alle diese Dinge gründlich und in Ruhe mit dem Reitlehrer besprochen werden, der gerne und nach bestem Wissen seinen Rat geben wird. Schließlich ist er nicht zuletzt selbst stolz darauf, wenn am Ende alle seine Schüler bestanden haben.

Die Reitabzeichen der Deutschen Reiterlichen Vereinigung (FN) im Überblick

Deutsche Reitabzeichen

Erfolge		Goldenes Reitabzeichen		
Prüfung/ Erfolge	DRA I Dressur	DRA I	DRA I Springen	DRA I Turniererfolge
Prüfung/ Erfolge	DRA II Dressur	DRA II	DRA II Springen	DRA II Turniererfolge
Prüfung	DRA III Dressur	DRA III	DRA III Springen	
	Nur Senioren/ Reiter*		Nur Senioren/ Reiter*	
Prüfung		DRA IV		

Basispass Pferdekunde

* Senioren: werden im laufenden Kalenderjahr mindestens 40 Jahre alt; Reiter: werden im laufenden Kalenderjahr mindestens 22, aber höchstens 39 Jahre alt.

Der Basispass Pferdekunde

Aufgabe des Basispasses Pferdekunde ist es, dem Bewerber grundlegende Kenntnisse und Fertigkeiten im Umgang mit dem Pferd zu vermitteln.
Vor Erwerb eines Geländeabzeichens oder eines Deutschen Abzeichens muß der Bewerber die Prüfung zum Basispass Pferdekunde bestanden haben. Es besteht keine Wartezeit zwischen dieser Prüfung und den weiteren Abzeichenprüfungen. Die Teilnahme an einem entsprechenden Vorbereitungelehrgang (durchgeführt von einer FN-Lehrkraft, mindestens Trainer C) ist empfehlenswert. Voraussetzung sind geistige und körperliche Mindestreife des Bewerbers (zu empfehlen: Grundschulalter, mindestens 7 Jahre).

Die Prüfung besteht aus einem praktischen und einem theoretischen Teil:

1. PRAKTISCHER TEIL

- Ansprechen und Annähern an das Pferd
- Führen und Vorführen
- Anbinden und Passieren anderer Pferde
- Loslassen des Pferdes/Ponys in der Weide bzw. auf dem Paddock
- Pferdepflege einschließlich Bandagieren
- Ausrüsten des Pferdes einschließlich Satteln und Trensen
- Erkennen des Verhaltens des Pferdes und Durchführen vertrauensbildender Maßnahmen
- Grundtechniken des Verladens

2. THEORETISCHER TEIL

- Pferdeverhalten und Umgang mit dem Pferd einschließlich Bewegung
- Fütterung und Fütterungstechnik
- Grundlagen der Pferdegesundheit
- Stallräume, Nebenräume und Bewegungsflächen

Das Prüfungsergebnis lautet »bestanden« oder »nicht bestanden«. Eine nicht bestandene Prüfung kann zum nächstmöglichen Termin wiederholt werden, wobei alle Teilprüfungen zu wiederholen sind.

3. AUSFÜHRUNG DER PRÜFUNG

Genaue Beschreibungen der im praktischen Teil verlangten Fertigkeiten finden sich weiter unten in diesem Buch (vgl. S. 129 f). Diese Fertigkeiten sind in der Prüfung auszuführen, also nicht lediglich zu erklären.

Hier einige Beispiele für mögliche Prüfungsfragen und -antworten für den theoretischen Teil:

▸ **Warum erschrecken Pferde oft bei geringfügigen Anlässen?**

◂ Pferde sind Fluchttiere und haben zudem einen viel weiteren Blickwinkel als Menschen.

▸ **Genügt es, ein Pferd eine Stunde am Tag zu reiten?**

◂ Nein, denn es ist ein Bewegungstier und braucht darüber hinaus zusätzliche Bewegungsmöglichkeiten.

ABB. 1 Manche Pferde genießen es, wenn man ihnen den Kopf putzt.

▸ **Wie oft wird ein Pferd gefüttert?**

◂ Mindestens dreimal am Tag.

▸ **Wann bekommt es die größte Portion und warum?**

◂ Am Abend, weil danach die lange Ruhepause der Nacht folgt. Diese ist für die Verdauung wichtig.

▸ **Wie hoch ist die Normaltemperatur eines Pferdes in Ruhestellung?**

◂ 37,5 bis 38,2 Grad Celsius.

▸ **Wie soll ein guter Stall aussehen?**

◂ Möglichst groß, hell, mit guter Luft, aber ohne Zug. Die Box soll so geräumig sein, daß das Pferd sich frei darin bewegen kann. Sie sollte ein Fenster haben, das bei schönem Wetter ganz geöffnet werden kann.

ABB. 2 Das Pferd kommt zielstrebig auf seinen Reiter zu. Es hat Vertrauen.

Die praktische Prüfung

1. Dressur

▸ **Der Dressursitz** Die Grundlage des Dressursitzes sind die beiden Gesäßknochen und der Spalt, die tief und möglichst weit vorgerückt im Sattel liegen müssen. Bei normalem Geradeausreiten wird das Gewicht des Reiters gleichmäßig auf diese drei Punkte verteilt. Der Oberkörper soll – bei leicht zurückgenommenen Schulterblättern – eine Senkrechte bilden. Der Reiter hält seinen Kopf aufrecht und blickt geradeaus. Senkrecht und zwanglos fallen seine Oberarme herunter, während die Ellenbogen locker an der Hüfte liegen und Unterarm, Handrücken und Zügel ungefähr eine gerade Linie zum Pferdemaul bilden. Die Fäuste sind aufrecht, der Daumen wird dachförmig aufgesetzt. Die Oberschenkel des Reiters sind gestreckt und flach am Sattel, die Knie liegen so tief wie möglich, und die Unterschenkel werden so weit zurückgenommen, daß Schulter, Hüfte und Absatz eine senkrechte Linie bilden (Normalhaltung). Der tiefste Punkt des Reiters ist der Absatz; die Fußspitzen zeigen nur leicht nach außen. Wesentlich ist es, daß unter der korrekten

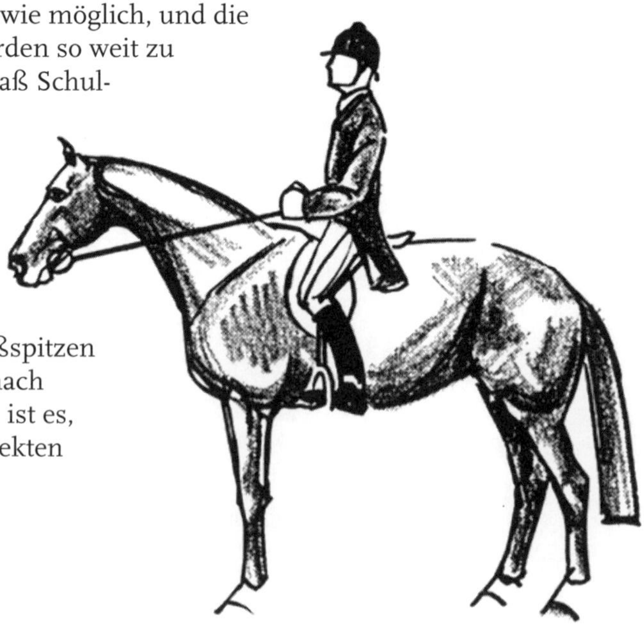

ABB. 3 Dressursitz

äußeren Form des Sitzes die Losgelassenheit des Reiters nicht leidet. Um das zu verhindern, sollte man sich als Faustregel einprägen, daß folgende sechs Gelenke locker und entspannt sein müssen: Schulter, Ellenbogen, Handgelenk, Hüftgelenk, Knie und Fußgelenk.

Wie beim Pferd der Rücken, so ist beim Reiter die Mittelpositur das Bewegungszentrum, das mit der Bewegung des Pferderückens nach vorn mitschwingt; dadurch haftet das Gesäß des Reiters geschmeidig am Sattel. Falsch ist es, wenn die schwingende Bewegung sich sichtbar durch die ganze Wirbelsäule des Reiters fortsetzt und erst im Genick endet. Die Folge davon sind ein unruhiger Oberkörper und ein vorgeneigter, wackelnder Kopf. Die Bewegung soll bei losgelassenem, geradebleibendem Oberkörper durch die mitschwingende Mittelpositur aufgefangen werden. Nur der auf diese Weise ruhig und schmiegsam sitzende Reiter erfüllt auch die nötigen Voraussetzungen für eine richtige Hilfengebung, die später besprochen werden soll.

Das Dressurviereck

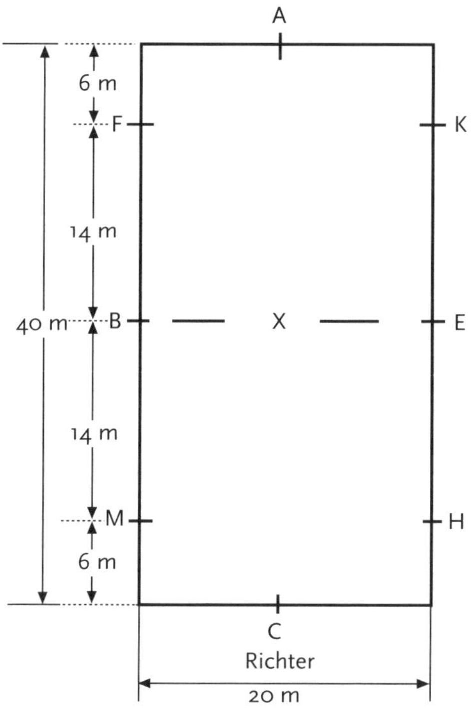

ABB. 4 Für die Buchstabenfolge gibt es keine logische Begründung. Folgende Eselsbrücke kann helfen: »**M**ein **B**ester **F**reund **A**nton **K**ann **E**inen **H**eben.« So ist die Reihenfolge der Buchstaben leicht zu merken, wenn man von C im Uhrzeigersinn ausgeht.

Dressuraufgaben zu den DRA mit Besprechungen

1.1 Das Deutsche Reitabzeichen Klasse IV (Kleines Reitabzeichen)

Ohne Altersbeschränkung. Voraussetzung ist, daß der Bewerber die Prüfung zum Basispass Pferdekunde bestanden hat. Die vorgestellten Pferde/Ponys müssen mindestens 5-jährig sein und den entsprechenden Anforderungen genügen.

Die Dressuraufgabe

Als Beispiel ist die E 1 aus dem Aufgabenheft gem. LPO, Stand 1. 9. 1999, gewählt, die für 2 bis 4 Reiter vorgesehen ist.
Sie werden im Abteilungs- und/oder Einzelreiten geprüft. Dabei wird hauptsächlich auf korrekten Sitz wert gelegt. Die Richter können folgende Anforderungen stellen:
Vorstellen der Reiter und Pferde im Schritt, Trab und Galopp im Arbeitstempo, Reiten ohne Bügel,* Leichttraben, Anhalten aus dem Schritt und aus dem Trab, Vorhandwendung, Übergänge von einer Gangart in die andere, Volten und Kehrtwendungen. Auch Pferdewechsel kann verlangt werden. Hilfszügel gem. Richtlinien Reiten und Fahren Bd. 1+2 (ausgen. Schlaufzügel) dürfen verwendet werden.

▸ Viereck 20 x 40 m, Dauer: etwa 3½ Minuten.

	A	▸ Auf der rechten Hand im Mittelschritt Abteilung bilden.
		▸ (von der kurzen Seite auf die Richter zu) Anfang rechts dreht, links marschiert auf – Marsch. (Wenn der Anfangsreiter die Verbindungslinie der beiden Punkte E-B erreicht hat) Anfang – Halt. Grüßen.
R.H.	M-F	▸ Abteilung zu einem rechts brecht ab im Arbeitstempo – Trab.
L.H.	A-X-C	▸ Auf dem Zirkel geritten und aus dem Zirkel wechseln.
	C-X	▸ (½-mal herum)
	X-C-X-C	▸ Abteilung im Arbeitstempo – Galopp – Marsch. (1½-mal herum)
	C	▸ Abteilung im Arbeitstempo – Trab, ganze Bahn.
	K-F	▸ (An der kurzen Seite) Abteilung Schritt, Mittelschritt.
R.H.	F-X-H	▸ Durch die ganze Bahn wechseln.

* Beim Hochschlagen der Bügel entsteht kein störender, beim Sitzen unangenehmer Knoten, wenn die Schnalle des Bügelriemens vor dem Überschlagen etwa eineinhalb Handbreit heruntergezogen wird. Nach dem Hochnehmen der Bügel die Beine noch einmal richtig lang machen und dabei mit dem Gesäß nach vorne rücken!

H-M	▸ (An der kurzen Seite) Abteilung im Arbeitstempo – Trab (½-mal herum).
A-X	▸ Auf dem Zirkel geritten (½-mal herum).
X-A	▸ Abteilung im Arbeitstempo – Galopp – Marsch (½-mal herum).
A	▸ Ganze Bahn.
H-M	▸ (An der kurzen Seite) Abteilung im Arbeitstempo – Trab.
A	▸ (Von der kurzen Seite auf die Richter zu) Anfang rechts dreht, links marschiert auf – Marsch.
	▸ (Wenn der Anfangsreiter die Verbindung der beiden Punkte E–B erreicht) Anfang – Halt. Grüßen.
	▸ Im Mittelschritt am langen Zügel die Bahn verlassen.

Besprechung der Dressuraufgabe

Beim Einreiten in die Reithalle oder offene Bahn sowie beim anschließenden **Abteilungbilden** ist auf korrrekte Abstände (2 Pferdelängen = 6 Schritt: Sicherheitsabstand!) zu achten. Der erste Reiter muß sich schon jetzt – wie während der ganzen Vorstellung – in der zweiten Ecke der kurzen Seite nach der Abteilung umsehen und sein Tempo nach den Abständen richten: d.h. er wird etwas mehr vorwärts reiten, wenn sie zu klein sind, und das Tempo zurücknehmen, wennn sie zu groß werden.

Zum **Aufmarschieren** wendet der erste Reiter auf das Kommando hin im rechten Winkel ab, nachdem er vorher die erste Ecke der kurzen Seite sauber durchritten hat. Er pariert zum Halten durch, wenn die Nase des Pferdes in Höhe der Verbindungelinie E–B ist. Der nächste Reiter wendet drei Schritt später ab und richtet sich nach dem Anfangsreiter aus. Dasselbe gilt für alle folgenden Reiter, die lieber etwas früher zum **Halten** kommen sollten und dann in halben Schritten auf Seitenrichtung in Höhe des ersten Reiters vorrücken, statt über die Linie hinauszureiten. Die Pferde ruhig, gerade und mit drei Schritt Zwischenraum hinstellen.

Zum **Grüßen** werden beide Zügel in die linke Hand genommen. Die Reiter lassen dabei den rechten Arm zwanglos herabhängen und neigen leicht den Kopf.

R.H. Nach dem Kommando zu einem **»rechts-brecht ab-im Arbeitstempo Trab«** reitet der erste Reiter senkrecht zur kurzen Seite hin im Trabe an, der zweite folgt, sobald der erste Reiter mit der Kruppe seines Pferdes eine Pferdelänge über den Kopf des zweiten Reiters vorgerückt ist usw.; die Abstände müssen nach Ankommen auf dem Hufschlag wieder auf zwei Pferdelängen ausgerichtet werden. Eine Pferdelänge vor dem Hufschlag in einer Viertelsvolte rechts abwenden und die nächsten beiden Ecken sauber durchreiten. Der **Abstand zum Vordermann** muß dauernd überprüft werden. Ist er etwas groß geworden, wird nicht nachgeJagt. Auch die Ecken dürfen nicht schräg abgeschnitten werden, sondern man kürzt die lange Seite etwas ab, indem man links oder rechtsum macht, senkrecht auf die gegenüber liegende Seite zu, sauber durch die Ecken reitet und sich wieder mit zwei Pferdelängen Abstand der Abteilung anschließt. Ist der Abstand dagegen zu klein geworden, fängt man das Tempo auf und reitet etwas tiefer in die Ecken. Aufreiten sieht nicht nur schlecht aus, sondern stört auch den Vorderreiter und ist vor allem gefährlich. Denn selbst das geduldigste Schulpferd wird sich bei dauernder Belästigung einmal wehren und mehr oder weniger kräftig ausschlagen! An der Mitte der langen Seite kurz in den Spiegel sehen und den Sitz korrigieren.

Nach Punkt A wird auf dem **Zirkel** geritten, die zweite Ecke der kurzen Seite wird also bereits zur Zirkellinie abgerundet.

L.H. Zum **Wechseln aus dem Zirkel** (dabei genau auf den Punkt achten!) wird das Pferd am Wechselpunkt X kurz gerade gerichtet und erst dann nach links umgestellt. Den Zirkel kreisrund halten und nur an den Zirkelpunkten auf den Hufschlag kommen!

Vor dem Angaloppieren bei X (1½ mal herum) das Pferd in Ruhe durch feine Paraden auf den **Galopp** vorbereiten (also nicht mit den Hilfen überfallen), dabei auf Abstand zum Vordermann achten! Der äußere Schenkel wird um eine Handbreit zurückgenommen (und bleibt im Galopp an dieser Stelle), die innere Hand gibt nach und läßt den Galoppsprung weich heraus.

Das Durchparieren zum Trab wird ebenfalls gut vorbereitet und so weich wie möglich durchgeführt. Lieber etwas früher zum Trab kommen, als auf den Vorderreiter aufreiten! Der Anfangsreiter sollte dabei besonders auf die Abstände hinter sich achten. An der langen Seite wieder durch einen Blick in den Spiegel den **Sitz überprüfen**! Es lohnt sich überhaupt, alle Möglichkeiten der Vorstellung zu nutzen, um den Sitz zu verbessern und dabei rasch an die hauptsächlichen Fehlerpunkte zu denken, die aus den Korrekturen des Reitlehrers bekannt sind.

Das Durchparieren zum **Schritt** vorbereiten, mit Einhalten der Abstände durchführen.

R.H. Beim **Wechseln durch die ganze Bahn** erst dann abwenden, wenn die Kniepartie in Höhe des Wechselpunktes (F) ist! Die nachfolgenden Reiter sollten aufpassen, daß ihr Pferd nicht, dem Vorderreiter folgend, abkürzt.

Beim **Antraben** zwischen H und M das Pferd wieder mit halben Paraden aufmerksam machen und auf Abstand in den Trab kommen.
Beim Abwenden auf den **Zirkel** nach A wieder die Ecke abrunden, das Pferd wie oben auf den **Galopp** bei X vorbereiten, die erste Ecke der langen Seite korrekt ausreiten (kein Zirkel mehr!), ev. Abstände ausgleichen.
Wenn das Pferd an der langen Seite eiliger wird, darf mit der beruhigenden Stimme rechtzeitig nachgeholfen werden.
Nach dem Durchparieren zum **Trab** (s.o.) bietet die lange Seite noch einmal Gelegenheit, mit einem Blick in den Spiegel den Sitz zu korrigieren.
Den letzten Eindruck bildet das Abwenden und schwungvolle Einreiten zum Gruß. Natürlich ist es von Vorteil für die Beurteilung aller, wenn Einreiten und Schlußabstände beim **Halten** korrekt sind und die Pferde ruhig und in derselben Höhe stehen.

1.2 Das Deutsche Reitabzeichen Kl. III (Bronze)

Ohne Altersbeschränkung. Voraussetzung ist der Besitz des Kleinen Reitabzeichen, Kl. IV, seit mindestens 3 Monaten.

Die Dressuraufgabe
Als Beispiel ist die A 5/1 aus dem Aufgabenheft gem. LPO, Stand 1. 9. 1999 gewählt.

▶ Viereck 20 x 40 m, Dauer: etwa 4 Minuten

	A-X	▶ Einreiten im Arbeitstrab.
	X	▶ Halten. Grüßen.
		▶ Im Arbeitstempo antraben.
	C	▶ Rechte Hand.
R.H.	B	▶ Volte (10 m).
	A-X-C	▶ Durch die Länge der Bahn wechseln.
L.H.	Zwischen C und H	▶ Mittelschritt.
	H-X-F	▶ Im Mittelschritt durch die ganze Bahn wechseln, dabei Zügel-aus-der-Hand-kauen-lassen.
R.H.	Vor F	▶ Zügel aufnehmen.
	A	▶ Im Arbeitstempo antraben.
	K-H	▶ Einfache Schlangenlinie.

	B	▶ Halten. Eine Pferdelänge rückwärtsrichten, danach halten. Im Mittelschritt anreiten.
	A-X	▶ Auf dem Zirkel geritttten (½-mal herum).
	X-A-X-A	▶ (Zur geschlossenen Zirkelseite) im Arbeitstempo rechts angaloppieren (1½-mal herum), an der offenen Zirkelseite 2 bis 3 Pferdelängen überstreichen.
	A	▶ Arbeitstrab.
L.H.	A-X-C	▶ Aus dem Zirkel wechseln.
	C	▶ Im Arbeitstempo links angaloppieren, ganze Bahn.
	H-K	▶ Mittelgalopp.
	Zwischen K und A	▶ Arbeitsgalopp.
	A	▶ Arbeitstrab.
R.H.	F-X-H	▶ Im Mitteltrab durch die ganze Bahn wechseln, dabei leichttraben.
	H	▶ Arbeitstrab, aussitzen.
	A	▶ Auf die Mittellinie abwenden.
	X	▶ Halten. Grüßen.
		▶ Im Mittelschritt am langen Zügel die Bahn verlassen.

Besprechung der Dressuraufgabe

Einreiten heißt: Auf die Mittellinie gehen.

Das **Einreiten** kann von beiden Händen aus erfolgen. Es sieht besser aus, wenn Sie dabei eher drei bis vier Schritt vor der Mitte der kurzen Seite abwenden und dann in einem flachen Bogen zur Mittellinie hin ausgleichen, als wenn Sie zuerst über die Mittellinie hinaus- und danach zu dieser zurückreiten. Nach dem Abwenden ist die Mitte der kurzen Seite genau ins Auge zu fassen, damit das Einreiten nicht schwankend, sondern ganz gerade ausfällt. Es ist ratsam, dabei im Tempo etwas zuzulegen, weil dies das Geradeausreiten auf der Mittellinie erleichtert!

Im **Mittelpunkt halten** heißt: durchparieren, wenn die Kniepartie des Reiters in Höhe des HB-Punktes ist. (Das Entsprechende gilt für die gesamte Aufgabe. Wenn etwas an einem bestimmten Punkt auszuführen ist, bedeutet das immer: wenn sich die Knie des Reiters in der Höhe des besagten Punktes befinden!)

Da die Richter beim Einreiten und bei der **Aufstellung zum Grüßen** den ersten Eindruck gewinnen, ist es besonders wichtig, daß hierbei alle Einzelheiten so korrekt wie möglich ausgeführt werden. Beim Gruß muß das Pferd – mit gut untergesetzter Hinterhand – am Zügel, gerade und auf allen vier Beinen stehen. Falls ein Spiegel vorhanden ist, können Sie sich durch einen kurzen Blick vergewissern, ob das der Fall ist. Nützen Sie dabei auch gleich die Gelegenheit aus, Ihren Sitz zu verbessern! **Beim Grüßen** werden beide Zügel in die linke Hand genommen. Männliche Reiter, die keinen befestigten Helm tragen, nehmen z. B. ihre Melonen so in die rechte Hand, daß die Öffnung zum Pferd zeigt. Damen nehmen ebenfalls die Zügel in die linke Hand, lassen den rechten Arm dabei zwanglos hängen und grüßen durch leichtes Neigen des Kopfes.

R.H. Nach dem Kommando zum **Antraben** nichts übereilen: In Ruhe die Zügel und eventuell die Gertenhaltung ordnen, dann aber aus dem Halten möglichst rasch und ohne Schritte antraben. Der **Arbeitstrab** soll schwungvoll und ganz genau geradeaus auf die Richter zu geritten werden. Achten Sie beim **Abwenden** auf die rechte Hand darauf, daß das Pferd gleich in die ersten beiden Ecken tief hineingeht. Beim Abwenden von der Mittellinie müssen Sie mit dem äußeren Schenkel dafür sorgen, daß die Hinterbeine nicht nach außen wegtreten. Es soll überhaupt für die ganze Aufgabe gelten, daß durch sauberes Ausreiten der Ecken und präzises Reiten der Hufschlagfiguren mit relativ kleinem Aufwand eine große Wirkung erzielt wird.

Schon bevor die **Volte** an der langen Seite eingeleitet wird, muß das Pferd die dafür nötige Stellung haben. Die Volte im ersten Teil groß genug anlegen, bis zur Mittellinie reiten und in der zweiten Hälfte den Punkt B genau ins Auge fassen, damit die Volte wirklich rund und nicht eiförmig ausfällt. Beim Reiten der Volte auf das Entspannen des inneren Zügels achten und mit dem äußeren Schenkel die Hinterbeine in der Spur der Vorderbeine halten.

Beim **Wechseln durch die Länge der Bahn** gilt dasselbe wie beim Einreiten zum Gruß: Ein schwungvoller Trab erleichtert das Geradeausreiten auf der Mittellinie. Natürlich darf der Arbeitstrab nicht allzu frei sein, damit der Unterschied zum später verlangten Mitteltrab deutlich sichtbar wird.

L.H. Nach C, möglichst noch auf gerader Linie vor der Ecke, mit ein bis zwei Paraden **zum Mittelschritt durchparieren.** Die Hinterbeine sollen dabei den Schwung weich aufnehmen. Nach dem präzisen

Abwenden bei »H« auf der Diagonalen die **Zügel aus der Hand kauen lassen** bis zum langen Zügel. Dabei soll sich der Hals nach vorwärts-abwärts soweit dehnen, daß sich das Pferdemaul etwa in der Höhe des Buggelenks befindet. Die leichte Verbindung zum Pferdemaul sorgt dafür, daß die Stirnlinie des Pferdes vor der Senkrechten ist.

R.H. Beim Aufnehmen und Verkürzen der Zügel vor »F« sorgen die treibenden Schenkel dafür, daß der Schritt fleißig bleibt – also nicht langsamer wird. Der nachfolgende **Mittelschritt am Zügel** soll so raumgreifend wie möglich geritten werden, da eine Steigerung (starker Schritt) in dieser Klasse nicht verlangt wird. Die Zügel sind ein bis zwei Handbreit länger als im Arbeitstrab und Arbeitsgalopp. Die elastisch mitfedernden Hände lassen die natürliche Nickbewegung zu.

Antraben energisch und am Punkt. Das Zügelmaß dabei wieder verkürzen. Die **einfache Schlangenlinie** exakt einteilen. In Höhe des Mittelpunktes bis zum halben Weg zur Mittellinie (5 m) in die Bahn hineinreiten. Das Pferd sorgfältig umstellen und mit der jeweils neuen inneren Wade durchfühlen. Nachgeben am (neuen) inneren, linken Zügel. Nicht vergessen, die Zügel immer wieder passend zu machen.

Mit der Vorbereitung der **ganzen Parade** möglichst schon beim Durchreiten der ersten Ecke der kurzen Seite durch halbe Paraden beginnen. Das gleichmäßige Nachtreiben bei der ganzen Parade sorgt dafür, daß die Hinterbeine den Schwung weich aufnehmen und das Pferd dabei nicht hart »vornüberfällt«. Im ersten Moment des Haltens kann noch eine Korrektur erfolgen, wenn Sie spüren, daß ein Hinterbein nach hinten herausgestellt ist oder das Pferd auf einem Bein ruht. In diesem Fall wird das entsprechende Hinterbein mit dem gleichseitigen Schenkel angeregt, einen halben Schritt vorzutreten.

Vor dem **Rückwärtsrichten** ist es unbedingt erforderlich, die Zügel zu verkürzen und das Pferd sorgfältig an den Zügel zu stellen. Das darf ruhig einige Sekunden dauern. Damit kann ein nachfolgender Widerstand im Genick und im Rücken vermieden werden, der zwangsläufig zum Mißlingen dieser Lektion führt.

Für den anschließenden **Mittelschritt** wieder die Zügel ein bis zwei Handbreit verlängern. In der folgenden Ecke wird das Pferd deutlich gestellt und gebogen, danach wieder gerade gerichtet. Der Zirkel wird bereits nach A angelegt – man reitet also nicht mehr in die Ecke, sondern zum nächsten Zirkelpunkt hin.

Vor dem **Angaloppieren** die Zügel wieder verkürzen. Mit einigen halben Paraden werden die Hinterbeine aktiviert, das Pferd wird dadurch zum Angaloppieren vorbereitet. So kann es aus dem Schritt heraus ruhig in den Galopp einspringen. Der Zirkel wird als gleich-

mäßiger Kreis geritten, wobei Sie nur noch an den drei Zirkelpunkten auf den Hufschlag kommen dürfen.
Beim **Abwenden zur offenen Zirkelseite** hin fehlt die Anlehnung zur Bande. Deshalb ist es wichtig, das Pferd mit dem äußeren Zügel und dem zurückgenommenen äußeren Schenkel einzurahmen. Damit wird verhindert, daß es über die Schulter läuft oder seine Hinterbeine nach außen wegtreten.
Beim **Überstreichen** an der offenen Zirkelseite gehen die Hände am Mähnenkamm entlang vor, ohne daß der Schwerpunkt des Reiters durch ein Vornehmen des Oberkörpers verlagert wird.
Bei der **Parade zum Arbeitstrab** genügend zur elastisch stehenden Hand treiben, damit ein flüssiger Übergang entsteht!
Darauf achten, daß das Pferd sorgfältig nach rechts gestellt und gebogen bleibt. Denken Sie aber beim **Wechseln aus dem Zirkel** daran, daß Ihr Pferd im Mittelpunkt der Bahn eine Pferdelänge geradeaus auf die lange Seite zu gerichtet ist.

L.H. Erst dann wird es nach links gestellt und gebogen. Das **Angaloppieren** wieder durch halbe Paraden vorbereiten! Die zweite Ecke der kurzen Seite wird nicht mehr abgerundet, sondern exakt ausgeritten. An der langen Seite allmählich, also nicht ruckartig, zum **Mittelgalopp** zulegen. Den Mittelgalopp so energisch wie möglich vorwärts reiten, jedoch nicht vergessen, das Tempo rechtzeitig zwischen M und der Mitte der kurzen Seite wieder zum Arbeitsgalopp zurückzuführen. Der Übergang muß deutlich sichtbar sein. Der **Übergang zum Arbeitstrab** wird durch halbe Paraden vorbereitet. Benutzen Sie die nächste Ecke, um die Hinterbeine für den **Mitteltrab** auf der Diagonalen zu aktivieren.
Jetzt auf keinen Fall nachlassen, also konzentriert weiter reiten! Sie haben nun die Gelegenheit, den letzten Höhepunkt Ihrer Vorführung zu zeigen. Richten Sie Ihr Pferd nach dem Abwenden erst ganz gerade. Steigern Sie dann das Tempo, so daß der Höhepunkt des Mitteltrabes ungefähr nach drei Vierteln des zur Verfügung stehenden Weges erreicht ist. Danach wird das Tempo wieder zurückgeführt. Am Wechselpunkt aussitzen und einen deutlichen Übergang zum Arbeitstrab zeigen. Jetzt nicht nachlassen! Das Pferd durch halbe Paraden aufmerksam machen und Takt, Schwung und Ausdruck erhalten.

R.H. So, nun ist es gleich geschafft. Aber nicht vergessen: Ein gerades **Einreiten,** ein bei X exakt aufgestelltes Pferd (siehe oben) und der abschließende Gruß gehören mit zum Gesamteindruck der Vorstellung!

Das Deutsche Reitabzeichen Kl. III (Bronze/Dressur)

Dieses neu eingeführte Abzeichen ermöglicht eine Spezialisierung auf die Dressur bei entsprechend höheren Anforderungen, nämlich denen der Klasse L. (Mindestwertnote 5,5 statt 5,0). Die Prüfung ist nur für Bewerber, die im laufenden Kalenderjahr mindestens 22 Jahre alt werden, zugelassen. Voraussetzung ist auch hier der Besitz des DRA IV (Kleines Reitabzeichen) seit mindestens drei Monaten. Das Springen eines Parcours entfällt. Statt dessen werden im praktischen Bereich eine Dressurprüfung der Kl. L auf Trense sowie das Reiten im Trab und Galopp im Außengelände verlangt. Im theoretischen Teil werden erweiterte Kenntnisse in der Reitlehre (Dressur und Springen) entsprechend den Anforderungen der Kl. L geprüft.

1.3 Das Deutsche Reitabzeichen Kl. II (Silber)

Ohne Altersbeschränkung. Voraussetzung ist, daß der Bewerber mindestens ein Jahr lang im Besitz des DRA III (Bronze) bzw. DRA (Bronze/Dressur) oder DRA (Bronze/Springen) ist.

Die Dressuraufgabe
Als Beispiel ist die L 2 aus dem Aufgabenheft gem. LPO, Stand 1. 9. 1999, gewählt, die für Einzelreiter vorgesehen ist.

▸ Viereck 20 x 40 m, Dauer: etwa 3½ Minuten.

	A-X	▸ Einreiten im Arbeitstrab.
	X	▸ Halten. Grüßen.
		▸ Im Arbeitstempo antraben.
R.H.	C	▸ Rechte Hand.
	(C-M-B)	▸ (Der Arbeitstrab).
	B-X	▸ Halbe Volte rechts (10 m).
	X-E	▸ Halbe Volte links (10 m).
	(E-K-A)	▸ (Der Arbeitstrab).
	A	▸ Versammelter Trab.
	(A-F)	▸ (Der versammelte Trab).
	F-X-H	▸ Im Mitteltrab durch die ganze Bahn wechseln.
L.H.	H	▸ Versammelter Trab.
		▸ (Übergänge vom versammelten Trab zum Mitteltrab und vom Mitteltrab zum versammelten Trab).
	B	▸ Rechts um.

	(H-M-B-X) ►	(Der versammelte Trab).
	X Halten. ►	Eine Pferdelänge rückwärtsrichten, daraus im Mittelschritt anreiten.
	E ►	Linke Hand.
	(X-E-K-A) ►	(Der Mittelschritt).
	A ►	Kurzkehrt links.
R.H.	(A-K) ►	(Der Mittelschritt).
	K ►	Im versammelten Tempo rechts angaloppieren.
	(K-H) ►	(Der versammelte Galopp).
	H ►	Aus der nächsten Ecke kehrt (8 m) ohne Galoppwechsel.
L.H.	(E-K-A) ►	(Der Außengalopp).
	A ►	Einfacher Galoppwechsel.
	(A-F-M) ►	(Der versammelte Galopp).
	M ►	Aus der nächsten Ecke kehrt (8 m) ohne Galoppwechsel.
R.H.	(B-F-A) ►	(Der Außengalopp).
	A ►	Einfacher Galoppwechsel.
	K-H ►	Mittelgalopp.
	H ►	Versammelter Galopp.
	►	(Übergänge vom versammelten Galopp zum Mittelgalopp und vom Mittelgalopp zum versammelten Galopp).
	C ►	Versammelter Trab.
	M-X-K ►	Im Mitteltrab durch die ganze Bahn wechseln.
L.H.	K ►	Versammelter Trab.
	►	(Übergänge vom versammelten Galopp zum versammelten Trab, vom versammelten Trab zum Mitteltrab und vom Mitteltrab zum versammelten Trab).
	A ►	Auf die Mittellinie abwenden.
	X ►	Halten. Grüßen.
		Im Mittelschritt am langen Zügel die Bahn verlassen.

Besprechung der Dressuraufgabe

Beim **Einreiten** hilft es, sich vorzustellen, daß die auf C zuführende Mittellinie genau durch die Mitte des Pferdes und des Reiters hindurchgehen sollte. Wenn aus dem Viereck heraus, also nicht von außen, eingeritten wird, ist es besser, in einem flacheren Bogen auf die Mittellinie abzuwenden, anstatt darüber hinaus zu reiten. Wie schon bei der Besprechung der A-Dressur gesagt, ist es leichter, gerade zu bleiben, wenn der Arbeitstrab dabei etwas schwungvoller geritten wird.

Das **Halten** wird durch einige halbe Paraden vorbereitet und danach weich ausgeführt. Kontrollieren Sie, ob das Pferd geschlossen und gerade steht. Ist dies nicht der Fall, sollten Sie es noch vor dem Grüßen korrigieren.
Vor dem **Antraben** Zeit lassen, sorgfältig die Trensen- und Kandarenzügel ordnen und aufnehmen, danach aber vom Fleck weg antraben und im Arbeitstrab schwungvoll auf die Prüfer zureiten.

R.H. Achten Sie beim **Abwenden auf die rechte Hand** darauf, daß Sie schon die beiden ersten **Ecken** mit sorgfältiger Stellung und Biegung reiten. Die positive Wirkung der richtig gerittenen Ecken auf die Durchlässigkeit des Pferdes können Sie während der ganzen Aufgabe nutzen. Hier die Kurzform für das korrekte Ausreiten der Ecken: Stellung (sie muß fertig sein, bevor das Pferd in die Ecke geht). Biegung (mit der inneren Wade in der Ecke durchfühlen). Leichter (die innere Hand gibt nach, wenn sie genau in der Mitte der Ecke ist). Gerade (das Pferd gerade stellen, also die Stellung beim Herausreiten aus der Ecke wieder aufgeben). Die verkürzte Form ist ebenso hilfreich wie leicht zu merken: Stellung, Biegung leichter, gerade!
Den **Arbeitstrab** bis B schwungvoll reiten. Die halbe Volte bei B durch Paraden und Stellung sorgfältig vorbereiten.
Bei den beiden halben Volten an ein großes S denken! Die **halbe Volte** gut nach vorn anlegen, so daß ein genauer Halbkreis entsteht, den Punkt X (als Wendepunkt) gut im Auge behalten. Vor dem Wendepunkt das Pferd durch Paraden aufmerksam machen. Bei X umstellen und nach links biegen, dabei Zügel nachfassen und Beine umlegen. Die zweite halbe Volte ebenfalls kreisförmig und gut nach vorne anlegen, dabei Punkt E anvisieren. Bei E das Pferd gerade richten. Bis A in schwungvollem Arbeitstrab weiterreiten, dabei die Ecke nach K mit korrekter Stellung und Biegung durchreiten, um die Durchlässigkeit zu verbessern und das Pferd auf den versammelten Trab bei A vorzubereiten (s.o.).
Im **versammelten Trab** das Tempo deutlich verkürzen und den Übergang möglichst am Punkt gut sichtbar zeigen, also den Schwung durch gute **Paraden** in Versammlung umwandeln. Für eine gute Parade merkt man sich folgende Einzelvorgänge: zu den stehenden Händen hintreiben (etwa eine Sekunde – »einundzwanzig« – zählen!), dann in den Händen wieder leichter werden und mit dem aktiven Treiben aufhören. Darauf folgt – je nach Bedarf – die nächste Parade. Einprägsame Kurzform: hin (treiben) – leichter (Hände)! Gute Paraden sind der Schlüssel zur gymnastischen Dressur.
Den **Mitteltrab** nach dem Geraderichten auf den Punkt H zu bis zur

höchsten Schwungentwicklung entwickeln (den starken Trab gibt es in dieser Klasse nicht!). Damit durchhalten bis etwa zwei bis drei Pfer-
L.H. delängen vor dem Hufschlag, erst dann mit mehreren Paraden das Tempo bis zum versammelten Trab zurückführen, dabei wieder die Ecke nutzen! Der Übergang sollte deutlich, am Punkt, weich und ausdrucksvoll gezeigt und die Versammlung bis B durchgehalten werden.
Das **Abwenden** nach rechts bei B wie beim korrekten Durchreiten einer Ecke zeigen, danach das Pferd geraderichten und mit halben Paraden auf die ganze Parade zum **Halten** bei X vorbereiten. Wichtig ist, daß die Parade zum Halten selbst weich durchgeführt wird und das Pferd danach am Punkt (Knie des Reiters in Höhe von X) geschlossen und gerade steht.
Das **Rückwärtsrichten** wird ebenfalls mit den beschriebenen feinen Paraden eingeleitet. Eine Pferdelänge bedeutet: drei Tritte rückwärts und ein halber Tritt zum Schließen.
Beim Anreiten zum **Mittelschritt** werden die Zügel um ein bis zwei Handbreit verlängert, ohne jedoch die Anlehnung zum Pferdemaul aufzugeben. Wie bei jedem Verlängern des Zügelmaßes mit Kandare ist darauf zu achten, daß diese nicht vorherrscht, also niemals stärker einwirkt als die Trense.
Vor der **Kurzkehrtwendung** bei A müssen die Stellung fertig und der innere Zügel leicht sein. Ohne anzuhalten, wird die Vorhand dann am Punkt mit dem – immer wieder leichter werdenden – inneren Zügel zur Seite geführt. Die Waden treiben dabei wie im Schritt wechselseitig, damit der innere Hinterfuß taktmäßig mittritt und nicht dreht. Hilfreich für das Gelingen ist es, wenn der Schritt vor dem Einleiten der Wendung mit einigen Paraden etwas verkürzt, versammelt wird. Der letzte Doppeltritt ist traversalartig. Die Wendung ist beendet, wenn das Pferd wieder auf dem Hufschlag angekommen ist.
R.H. Erst dann wird die Stellung aufgegeben und im raumgreifenden **Mittelschritt** weiter bis K geritten.
Das Angaloppieren zum **versammelten Galopp** ist durch Stellung und einige Paraden (Stellung aus der Ecke mitnehmen!) wieder sorgfältig vorbereitet. Vor dem Angaloppieren die Zügel nachfasssen! So wie der erste Galoppsprung, fällt auch der nachfolgende Galopp aus!
Die **Kehrtwendung** aus der Ecke hat den Durchmesser einer Volte von
L.H. 8 m. Im folgenden Außengalopp muß darauf geachtet werden, daß das Pferd im **Außengalopp** am äußeren, also hier am linken, Zügel bleibt. Im Galopprhythmus wird weiter mit Paraden die Versammlung und zugleich dieselbe Stellung (nicht mehr!) wie im Handgalopp erhalten.
Der **einfache Galoppwechsel** bei A wird ebenfalls mit Paraden vorbereitet und weich ausgeführt. Nach drei bis fünf Schritten wird wieder

angaloppiert. Also: Zeit lassen und klar zum Schritt durchkommen! Den folgenden **versammelten Galopp** (Handgalopp) mit Paraden dazu nutzen, Durchlässigkeit und Schwung zu erhalten bzw. zu verbessern. An der langen Seite darauf achten, daß das Pferd ganz gerade ist, also dabei an Schultervor denken.

Für die **Kehrtwendung** aus der nächsten Ecke (nach M) wie für den

R.H. folgenden **Außengalopp** und den **einfachen Galoppwechsel** gilt das oben Beschriebene. Im Außengalopp ist nun wichtig, daß das Pferd am neuen äußeren, also am rechten Zügel bleibt.

Beim **Mittelgalopp** an der nächsten langen Seite sollte man wieder darauf achten, daß das Pferd ganz gerade ist, also mit den Hinterbeinen zum Schwerpunkt springt.

Auch der **Übergang zum versammelten Galopp** bei H gelingt dann leichter.

Der **Übergang zum versammelten Trab** bei C soll am Punkt und weich erfolgen. Nun gilt es wieder, die nächste Ecke zu nutzen, das Pferd aufmerksam und durchlässig zu machen.

Dann das Pferd auf den Punkt K hin geraderichten und noch einmal im **Mitteltrab** bei höchster Schwungentwicklung einen letzten Höhepunkt zeigen!

L.H. Ein harmonischer Übergang zum **versammelten Trab,** vorbereitet durch Paraden zwei bis drei Pferdelängen vor dem Hufschlag, rundet die Vorstellung ab.

Doch nicht zu früh nachlassen! Wieder die Ecke nutzen, in einem leicht abgeflachten Bogen auf die Mittellinie abwenden und daran denken: Es ist leichter, gerade zu bleiben, wenn das Tempo etwas schwungvoller ist.

Für das **Halten** bei X gilt dasselbe wie zu Beginn der Aufgabe. Beim **Gruß,** beim Anreiten und beim abschließenden Verlängern des Zügelmaßes sind nach gelungener Aufgabe ein wenig Zufriedenheit und Stolz im Gesicht des Prüflings durchaus angebracht!

Das Deutsche Reitabzeichen Kl. II (Silber/Dressur)

Ohne Altersbeschränkung. Voraussetzung ist, daß der Bewerber mindestens ein Jahr lang im Besitz des DRA III (Bronze) bzw. DRA (Bronze/Dressur) oder DRA (Bronze/Springen) ist. Die Springprüfung entfällt. Statt dessen wird das Reiten einer Dressuraufgabe der Kl. M auf Kandare gem. dem aktuellen Aufgabenheft verlangt. Im theoretischen Teil werden erweiterte Kenntnisse in der Reitlehre entsprechend den Anforderungen der Kl. M geprüft.

Das Deutsche Reitabzeichen Kl. I (Silber mit Lorbeer)

Für den Erwerb dieses neu eingeführten Abzeichens ist der Besitz des DRA II (Silber) bzw. des DRA II (Silber/Dressur) oder des DRA II (Silber/Springen) seit mindestens einem Jahr Voraussetzung. Verlangt werden eine Dressurprüfung der Kl. M auf Kandare gem. dem aktuellen Aufgabenheft (einzeln geritten) sowie eine Stilspringprüfung der Kl. M mit Standardanforderungen. Im theoretischen Teil werden erweiterte Kenntnisse in der Reitlehre entsprechend den Anforderungen der Kl. M geprüft.

1.4 Das Deutsche Reitabzeichen Kl. I (Silber mit Lorbeer/Dressur)

Die Voraussetzungen sind dieselben wie für das DRA I (Silber mit Lorbeer). Verlangt wird eine Dressurprüfung der Kl. S auf Kandare gem. dem aktuellen Aufgabenheft (einzeln geritten) sowie eine Stilspringprüfung der Kl. M mit Standardanforderungen. Das Springen entfällt. Im theoretischen Teil werden umfassende Kenntnisse in der Reitlehre entsprechend den Anforderungen der Kl. S verlangt.

2. Springen

▸ **Der Springsitz** Der Springsitz oder leichte Sitz wird bei höherem Tempo und auf längeren Strecken (im Parcours und Gelände) eingenommen, um den Rücken des Pferdes zu entlasten. Er weicht in folgenden Punkten vom Dressursitz ab:
Das Gesäß ist nicht im Sattel, sondern am Sattel – als wollte man einem Reißnagel ausweichen! Der Oberkörper wird leicht (etwa zwei bis vier Finger breit an den Schultern) vor die Senkrechte genommen; die Hände sind unterhalb vom

ABB. 5 Springsitz

Mähnenkamm elastisch an den Pferdehals geschmiegt. Die Steigbügel werden zwei bis drei Loch kürzer geschnallt, damit das Knie des Reiters fester am Sattel liegen kann. Das Reitergewicht ruht im Knieschluß und in den Steigbügeln.

Jedesmal, wenn der Reiter zulegen oder das Tempo aufnehmen will, kommt sein Gesäß – in Verbindung mit der aktiven Gewichtseinwirkung – wieder in den Sattel, also vor und nach jedem Sprung und vor jeder Ecke oder Wendung.

Wenn das Pferd den Sprung willig anzieht, wird der Oberkörper des Reiters wegen des höheren Tempos etwas mehr nach vorn genommen. Dabei sollen die am Hals nach vorn gehenden, die Verbindung jedoch nicht aufgebenden Hände dem Pferd eine größere Streckung ermöglichen. Wenn das Pferd den Sprung dagegen nicht anzieht, setzt sich der Reiter aufrecht in den Sattel, damit er mit seinem Kreuz energisch nachtreiben kann. Eventuell hilft er auch mit der Gerte nach, indem er aus dem Handgelenk heraus an der Schulter des Pferdes anklopft.

Beim Absprung geht der geradebleibende Oberkörper aus der Hüfte heraus nach vorwärts-abwärts in die Bewegung und bildet fast eine Parallele zum Pferderücken. Die Hände geben am Pferdehals in Richtung Maul soviel nach, daß sich das Pferd bei gleichmäßiger Verbindung zur Reiterhand genügend strecken kann. Gleichzeitig tritt der Reiter seine Absätze nach vorn durch, damit die Unterschenkel nicht zurückfliegen. Beim Landen kann er auf diese Weise sein Gewicht weich im Steigbügel und mit den Knien auffangen. Er sitzt wieder aufrecht im Sattel, wenn das Pferd mit allen vier Beinen den Boden berührt hat.

▸ Anforderungen und Parcoursvorschläge

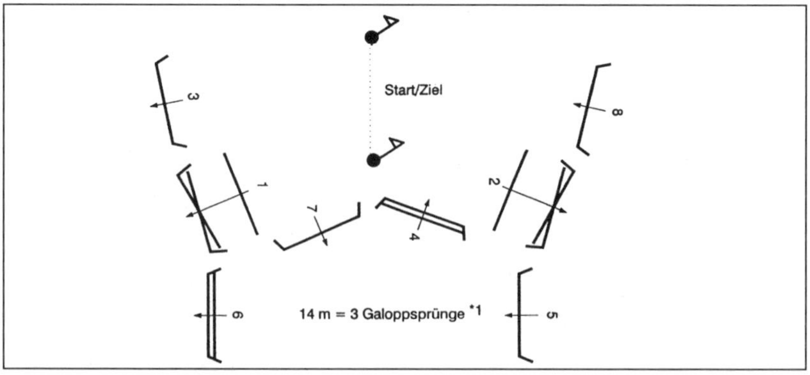

ABB. 6 Parcoursvorschlag für das Kleine Reitabzeichen

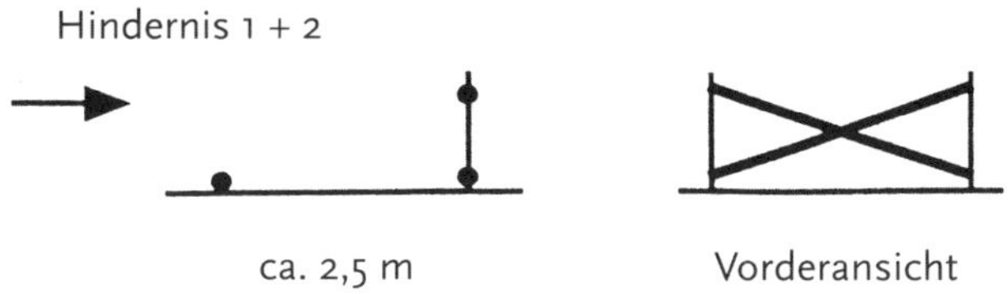

ABB. 6A Standardanforderungen
Beginnen im Trab (leichttraben, Anreitephase zu **1**, leichter Sitz).
Nach Hindernis **1** wieder Trab, leichttraben, Anreitephase zu **2**, leichter Sitz, nach Hindernis **2** Parcours im Galopp fortsetzen. Hindernis **1** und **2** aus dem Trab mit Vorlegestange, die Hindernisse sind mit einem Kreuz gebaut, max. **80** cm hoch.

2.1 Das Kleine Reitabzeichen (Kl. IV)

Mindestanforderungen: Stilspringprüfung Kl. E mit Standardanforderungen.

Der vorgeschlagene Parcours (Abb. 6, Parcours 1 der Standardparcours) entspricht den Standardanforderungen, wie sie in der LPO § 520 festgeschrieben wurden: Der Parcours enthält acht Hindernisse (Mindestzahl: 6), die jeweils einmal gesprungen werden und 0,80 m hoch sind. Abweichungen von 5 cm in der Höhe sind erlaubt, damit bleibt eine Mindesthöhe von 0,75 m. Für die Hindernisse 1 und 2, die aus dem Trab gesprungen werden (Abb. 6a), gilt eine maximale Höhe von 0,80 m, sie sollten in Kl. E nicht höher als 0,60 m sein.
Der neue Parcours weicht vom alten Schema (Hindernisse auf dem Hufschlag plus zwei Diagonalsprünge, die jedoch nicht Pflicht waren) in einigen wesentlichen Punkten ab: Die Hindernisse (außer 1 und 2) sind 0,80 m (statt 0,60 m) hoch, es werden acht Sprünge über acht (vorher vier) verschiedene Hindernisse verlangt. Die Hindernisse sind von der Wand abgerückt, die Linienführung ist erheblich verändert, neu sind die aus dem Trabe zu springenden Hindernisse, ein Kreuz mit Vorlegestange (Abb. 7a), und die Diagonalsprünge.
Mindestanforderungen für das Springen im Freien gem. LPO: Die Zahl der Hindernisse erhöht sich im Vergleich zur Halle von 6 auf 7. Ihre Höhe und Breite bleibt gleich.

Sonderauszeichnung

Bei zusätzlicher Absolvierung einer Teilprüfung Geländereiten (in Anlehnung an einen Geländereiterwettbewerb) wird das DRA IV mit Sonderauszeichnung vergeben.

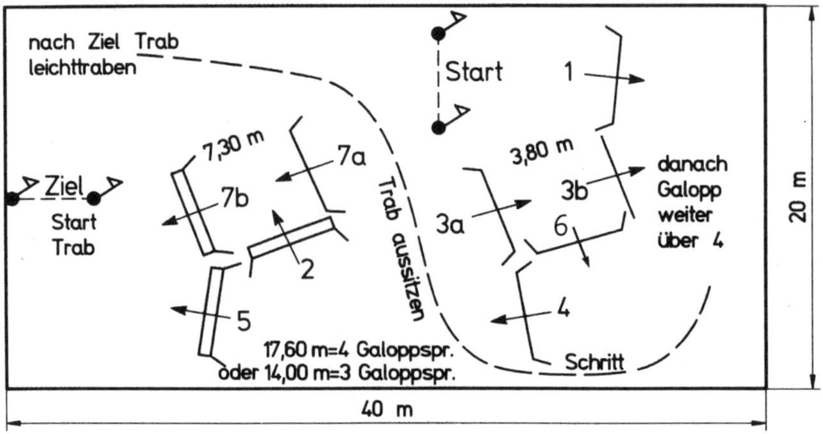

ABB. 7 Parcoursvorschlag für das DRA in Bronze und Silber (Halle 20 x 40 m)

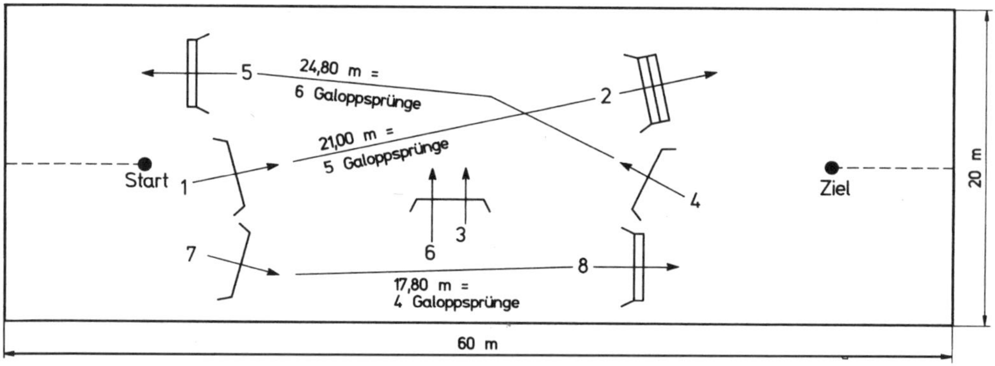

ABB. 8 Parcoursvorschlag für das DRA in Silber (Halle 20 x 60 m)

2.2 Das Deutsche Reitabzeichen Kl. III (Bronze)

Mindestanforderungen: Stilprüfung Kl. A mit Standardanforderungen. Verlangt wird einer der Standardparcours (vgl. o.).
Der Parcours muß mindestens sechs Hindernisse enthalten, die jeweils einmal gesprungen werden und 1 m hoch sind und – bei

Hochweitsprüngen – die Mindestbreite von 1,20 m haben. Abweichungen bis 5 cm in der Höhe und 10 cm in der Weite sind erlaubt; damit bleiben eine Mindesthöhe von 0,95 m und eine Mindestbreite von 1,10 m. Bei Hochweitsprüngen darf die vordere Höhe beliebig sein. Über das Verhältnis von Steil- zu Hochweitsprüngen besteht in der LPO keine Vorschrift. Hindernisse, die aus dem Trabe gesprungen werden, dürfen auch bei der Abnahme des Reitabzeichens in Bronze eine Mindesthöhe von 0,60 m haben.
Mindestanforderungen für das Springen im Freien gem. LPO: Die Zahl der Hindernisse erhöht sich im Vergleich zur Halle von 6 auf 7. Ihre Höhe und Breite bleibt gleich.
Als Parcoursvorschlag wurde Parcours 4 (Abb. 7) mit Standardanforderungen (vgl.o.) gewählt. Eine Halle mit den Maßen 20 x 60 m wird für den Aufbau dieses Parcours auf 40 m abgeteilt. Auch in diesem Parcours sind die Hindernisse von der Wand abgerückt. Es werden zwei Doppelsprünge (3a+b und 7a+b) verlangt, wobei der erste, ein Ein-Aus-Sprung, aus dem Trabe zu springen ist; zudem ist die Anzahl der Galoppsprünge vorgegeben, und es werden Übergänge vom Galopp zum Trab, vom Trab zum Galopp, vom Trab zum Schritt sowie das Aussitzen im Trabe verlangt.

Sonderauszeichnung
Bei zusätzlicher Absolvierung einer Teilprüfung Geländereiten (in Anlehnung an einen Geländeritt Kl. A) wird das DRA III mit Sonderauszeichnung vergeben.

Das Deutsche Reitabzeichen Kl. III (Bronze/Springen)

Dieses neu eingeführte Abzeichen ermöglicht eine Spezialisierung auf das Springen bei erhöhten Anforderungen. Verlangt wird eine Stilspringprüfung Kl. L (Wertnote 5,5, statt 5,0). Die Prüfung ist nur für Bewerber, die im laufenden Kalenderjahr mindestens 22 Jahre alt werden, zugelassen. Voraussetzung ist auch hier der Besitz des DRA IV (Kleines Reitabzeichen) seit mindestens 3 Monaten. Die Dressurprüfung entfällt. Statt dessen wird das dressurmäßige Reiten von Springpferden im Außengelände verlangt. Im theoretischen Teil werden erweiterte Kenntnisse in der Reitlehre (Dressur und Springen) entsprechend den Anforderungen der Kl. L geprüft.

2.3 Das Deutsche Reitabzeichen Kl. II (Silber)

Mindestanforderungen: Stilspringprüfung Kl. L mit Standardanforderungen. Verlangt wird einer der Standardparcours (vgl. »Merkblatt zum Richten von Stilspringprüfungen mit Standardanforderungen« der FN). Grundwertnote muß mindestens 6,5 sein.
Die Anforderungen für ein L-Springen sind in § 504 LPO festgelegt: Der Parcours muß in der Halle mindestens 6 Hindernisse und 8 Sprünge enthalten. Die Mindesthöhe beträgt 1,10 m und die Mindestweite bei Hochweitsprüngen 1,30 m. Ein Drittel der Hindernisse muß den Höchstanforderungen entsprechen, d. h., der Parcours muß einen Steilsprung von 1,20 m Höhe und einen Hochweitsprung von 1,50 m Breite (hinten 1,20 m hoch, vorn beliebig tiefer) enthalten. Abweichungen von bis zu 5 cm in der Höhe und von bis zu 10 cm in der Weite sind erlaubt (LPO § 504). Hindernisse, die aus dem Trab gesprungen werden, haben bei der Abnahme des Reitabzeichens in Silber eine Höhe von 0,70 bis 0,80 m.
Für das Springen im Freien erhöht sich die Zahl der Hindernisse von 6 auf 8. Bei einer Halle mit den Maßen 20 x 60 m kann der Parcours auf Abb. 7 aufgebaut werden, wenn die Halle auf 40 m Länge abgeteilt wird.Für die Ausnutzung der 20 x 60-m-Maße soll der Parcours auf Abb. 8 als Alternativvorschlag gelten.

Das Deutsche Reitabzeichen Kl. II (Silber/Springen)

Auch dieses neue Abzeichen ermöglicht eine Spezialisierung bei erhöhten Anforderungen. Verlangt wird eine Stilspringprüfung der Kl. M (Mindestzahl der Hindernisse: in der Halle 8–9, im Freien 9–10, Mindesthöhe: 1,20–1,30 m). Voraussetzung ist, daß der Bewerber seit mindestens 1 Jahr im Besitz des DRA III (Bronze) bzw. des DRA (Bronze/Dressur) oder des DRA (Bronze/Springen) ist. Die Dressurprüfung entfällt.

2.4 Das Deutsche Reitabzeichen Kl. I (Silber mit Lorbeer)

Die Grundvoraussetzungen sind bereits auf S. 35 ausführlich erklärt.

Das Deutsche Reitabzeichen Kl. I (Silber mit Lorbeer/Springen)

Die Voraussetzungen sind dieselben wie für das DRA I (Silber mit Lorbeer). Verlangt wird eine Springprüfung der Kl. S mit Hindernissen bis zu 1,45 m. Im theoretischen Teil werden umfassende

Kenntnisse in der Reitlehre entsprechend den Anforderungen der Kl. S verlangt.

▶ Springen des Parcours

Zweckmäßig ist es, sich den Verlauf des Parcours schon beim Üben genau einzuprägen, denn während der Prüfung sollte man darauf keine Konzentration mehr verwenden müssen. Sehr bewährt hat sich hierfür eine Lernmethode, bei der sich der Schüler immer wieder zu Hause den Parcours ganz genau vorstellt und jede Einzelheit so nachempfindet, als ob er den verlangten Parcours wirklich springen würde. Achten Sie bei der Vorbereitung schon darauf, wie lange und auf welche Weise Sie Ihr Pferd abreiten müssen. Eher einen Probesprung zu wenig machen, als mit einem abgehetzten Pferd in den Parcours kommen! Pausen sind wie immer beim Abreiten wichtig.
Reiten Sie im Trabe in den Teil der Bahn, wo sich der Start befindet, galoppieren Sie dort auf dem Zirkel, bis das Startzeichen gegeben wird. Galoppieren Sie dabei in einem ruhigen Grundtempo, das Ihrem Pferd und den Anforderungen entspricht und in der Regel zwischen Arbeits- und Mittelgalopp liegt. Jetzt geht es durch den Start und mit geradem Pferd auf die Mitte des ersten Hindernisses zu. Wichtig ist, daß Sie das gleichmäßige, rhythmische Grundtempo beibehalten. Vielleicht haben Sie schon etwas Gefühl für das richtige Herankommen an den Sprung, so daß Sie etwa zwei bis drei Pferdelängen vorher sehen: »Jetzt muß ich etwas mehr oder weniger treiben, um meinem Pferd im Rhythmus einen guten Absprung zu verschaffen.« Aber: Niemals zupfen! Die Hände am Hals behalten, im Rhythmus nach vorne ausgleichen und lieber etwas früher abspringen lassen!
Reiten Sie die verlangten Übergänge zum Trabe mit treibenden Hilfen zu den elastisch stehenden Händen weich und flüssig und am verlangten Punkt. Nach dem Leichttraben vor dem Springen aus dem Trabe einige Pferdelängen aussitzen (Entlastungssitz)!
Vom Üben her wissen Sie, ob Sie die Abstände zwischen den Hindernissen energisch durchreiten oder die Galoppsprünge etwas kürzer halten müssen, um auf die verlangte Anzahl der Galoppsprünge zu kommen. Wichtig ist dabei, daß Sie den gleichmäßigen Rhythmus nicht stören, also nie ruckartig zulegen oder einfangen, so daß ein flüssiger, harmonischer Gesamteindruck erhalten bleibt.
Wenn in einer kleinen Halle gesprungen wird, ist das Aufnehmen vor den Ecken besonders wichtig, damit die Hinterbeine nicht wegrutschen oder das Pferd die Ecken abkürzt. Dann kommt es womöglich nicht senkrecht bzw. auch nicht auf die Mitte des näch-

sten Hindernisses zu, bricht aus oder bleibt stehen. Gut ist es, sich eine Grundregel zu merken: Erst dann auf einen Sprung zu vorwärts reiten, wenn das Pferd geradegerichtet ist! Die Hindernisse sind günstig aufgestellt und mit Fängen versehen, so daß ein Vorbeilaufen oder das Springen eines falschen Hindernisses so gut wie ausgeschlossen sind. Wenn ein Pferd im falschen Galopp landet, wird vor der nächsten Ecke zum Trab durchpariert und in der Ecke wieder richtig angaloppiert.
Nach dem Durchreiten der Ziellinie mit treibenden Hilfen über den Trab zum Schritt auf dem Zirkel durchparieren! Loben Sie Ihr Pferd, bevor Sie im Trabe zum Ausgang reiten.

▸ **Kriterien zur Bewertung des Springstils**
(in Anlehnung an das »Merkblatt zum Richten von Stilspringprüfungen mit Standardanforderungen«)

1. Sitz und Einwirkung,

▸ s. Richtlinien für Reiten und Fahren, Bd. 1.

2. Anreiten der Hindernisse

▸ richtig gewähltes Grundtempo
▸ rhythmisches Galoppieren
▸ die Mitte des Hindernisses anreiten
▸ richtige Absprungdistanz
▸ gerades Landen

3. Reiten von Hindernisfolgen mit festgelegten Distanzen

▸ rhythmisches Reiten der vorgeschriebenen Galoppsprungzahl
▸ Fähigkeit, bei Pferden mit kleinem Galoppsprung die Galoppsprünge zu verlängern bzw. bei Pferden mit großem Galoppsprung diese zu verkürzen, um, ohne Harmonie und Rhythmus zu stören, die vorgeschriebene Zahl der Galoppsprünge einzuhalten

4. Reiten von Kombinationen

▸ richtiges Anreiten des ersten Hindernisses (wie Einzelhindernis, vgl. 2)
▸ flüssiges, harmonisches Weiterreiten in der vorgeschriebenen Zahl der Galoppsprünge

5. Reiten von Wendungen

- im Handgalopp
- am vorherrschenden äußeren Zügel

6. Handwechsel

- fliegender Galoppwechsel erwünscht
- je nach ausgeschriebener Klasse und Ausbildungsstand des Teilnehmerfeldes ist durchlässiger Galoppwechsel über Trab zu tolerieren bzw. nur geringfügig negativ zu bewerten. Ein durchlässiger Galoppwechsel über Trab ist beim DRA in Bronze und Silber einem mißlungenen fliegenden Wechsel entschieden vorzuziehen

7. Übergänge von Gangart zu Gangart bzw. zum Halten

- Zusammenwirken der Hilfen – durchlässige Reaktion des Pferdes

8. Während des ganzen Parcours gilt:

- gleichbleibendes, dem Galoppsprung des Pferdes und den gestellten Anforderungen angepaßtes Grundtempo
- rhythmisches Galoppieren

Die theoretische Prüfung

Die Beschaffenheit des Pferdes

Die äußeren Körperteile

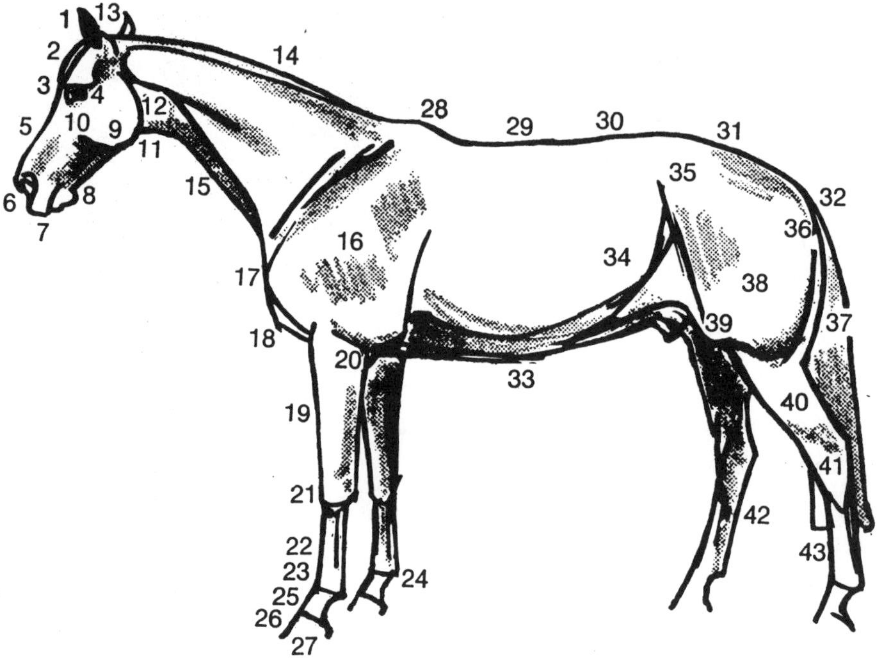

ABB. 9 Die äußeren Körperteile

1 Ohren
2 Schopf
3 Stirn
4 Auge
5 Nasenrücken
6 Nüster
7 Maul
8 Kinnkettengrube
9 Backe
10 Jochleiste
11 Kehle
12 Ganasche
13 Genick
14 Mähnenkamm
15 Drosselrinne
16 Schulter
17 Bugspitze
18 Brust
19 Unterarm
20 Ellbogenhöcker
21 Vorderfußwurzelgelenk
22 Vordermittelfuß (Vorderröhre)
23 Fesselkopf
24 Kötenzopf
25 Fessel
26 Hufkrone
27 Huf
28 Widerrist
29 Rücken
30 Lende
31 Kruppe
32 Schweifrübe
33 Bauch
34 Flanke
35 Hüfte
36 Sitzbeinhöcker
37 Hinterbacke
38 Oberschenkel
39 Knie
40 Unterschenkel
41 Sprunggelenk
42 Kastanie
43 Hintermittelfuß (Hinterröhre)

Das Knochengerüst

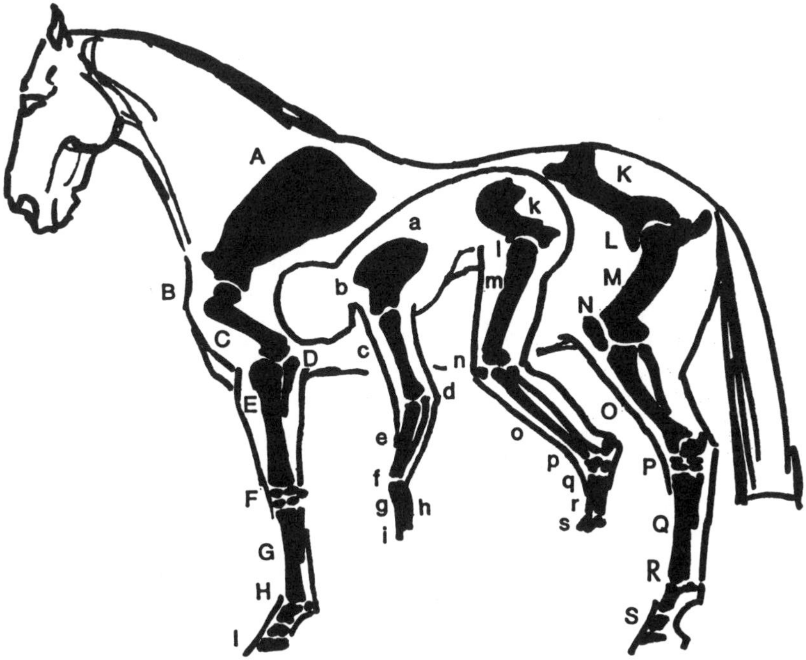

ABB. 10 Vergleichende Darstellung des Menschen- und Pferdeskelettes (nach Schönbeck).

Vordergliedmaße	A	Schulterblatt	a	Schulterblatt
	B	Schulter- oder Buggelenk	b	Schultergelenk
	C	Oberarmbein	c	Oberarmbein
	D	Ellenbogengelenk	d	Ellenbogengelenk
	E	Vor- oder Unterarmbein und Speiche	e	Elle, Speiche
	F	Vorderfußwurzelgelenk	f	Handwurzelgelenk
	G	Vordermittelfußknochen	g	Mittelhandknochen
	H	Vorderfesselgelenk	h	Handknöchel
	I	Zehenknochen	i	Fingerknochen
Hintergliedmaße	K	Beckenbein mit Sitzbeinhöcker	k	Beckenbein mit Sitzbeinhöcker
	L	Hüftgelenk	l	Hüftgelenk
	M	Oberschenkelbein	m	Oberschenkelbein
	N	Kniegelenk	n	Kniegelenk
	O	Unterschenkelbein und Wadenbein	o	Schien- und Wadenbein
	P	Sprunggelenk	p	Fersengelenk
	Q	Hintermittelfußknochen	q	Mittelfußknochen
	R	Hinterfesselgelenk	r	Fußballen
	S	Zehenknochen (Hufbein)	s	Zehenknochen

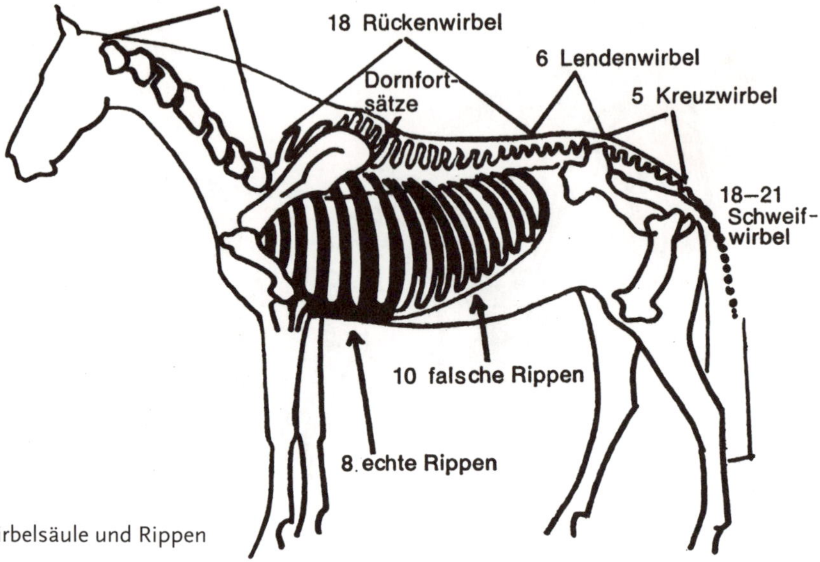

ABB. 11 Wirbelsäule und Rippen

Farben und Abzeichen

Farben

▸ **Wie werden die Pferde nach ihrer Haarfarbe benannt?**

◂ Braune, Rappen, Schimmel, Isabellen, Falben, Füchse und Schecken.

▸ **Was unterscheidet einen Braunen von einem Fuchs?**

◂ Ein Brauner hat bei braunem Deckhaar immer schwarzes Langhaar, beim Fuchs sind Deck- und Langhaar von gleicher Farbe.

▸ **Welche Farbabstufungen gibt es bei Füchsen?**

◂ Die Haarfarbe eines Fuchses kann hellbräunlichgelb bis dunkelrotbraun sein.

▸ **Welche Farbabstufungen gibt es bei Braunen?**

◂ Licht- oder Hellbraune, Braune, Dunkelbraune und Schwarzbraune.

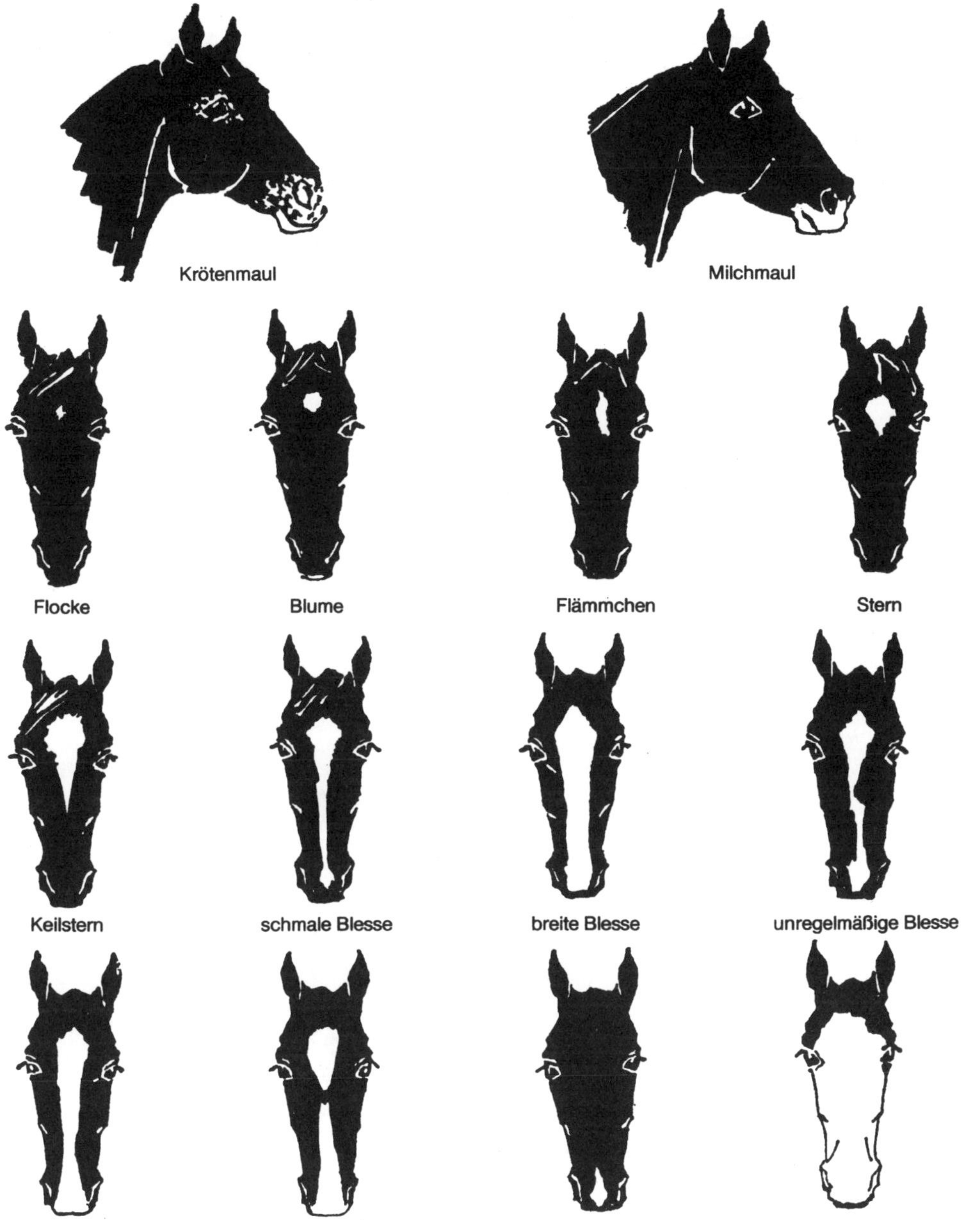

ABB. 12 Abzeichen am Kopf

▸ Wie nennt man ein Pferd mit schwarzem Deckhaar und schwarzem Langhaar?

◂ Rappe.

▸ Was ist ein Sommerrappe?

◂ Ein Rappe, bei dem das Fell im Winter bräunlich wird.

▸ Was heißt stichelhaarig?

◂ Stichelhaarig nennt man Pferde, die in ihrem Fell – besonders an Kopf, Schweifwurzel und an den Beinen – einzeln stehende weiße Haare haben.

▸ Was ist ein Schimmel?

◂ Ein Pferd mit weißem Deckhaar und weißem Langhaar.

▸ Welche verschiedenen Schimmel-Arten gibt es und wodurch unterscheiden sie sich?

◂ Es gibt Schimmel mit anderen Farbzusätzen im Fell. Je nach Form und Farbe der dunkleren Farbansammlungen spricht man von Grau-, Braun-, Fliegen-, Apfel-, Schwarz- und Rotschimmeln.

▸ Was sind Isabellen?

◂ Pferde mit gelblich-cremefarbenem Deckhaar und gleichfarbigem oder hellerem Langhaar.

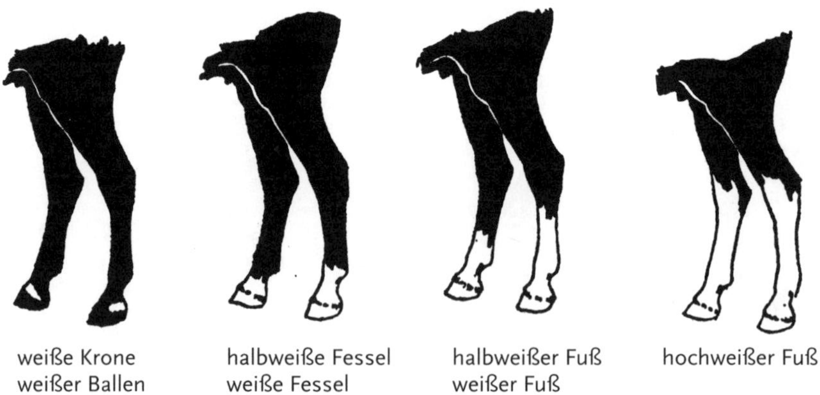

ABB. 13 Abzeichen an den Beinen

Abzeichen

▶ **Was sind die Merkmale des Falben?**

◀ Gelblich-cremefarbenes Deckhaar, schwarzes Langhaar und ein Aalstrich auf dem Rücken.

▶ **Wie sieht ein Schecke aus?**

◀ Ein Schecke ist durch mehr oder weniger große unregelmäßig geformte Flecken im Fell gekennzeichnet. Diese Flecken können alle möglichen Farben haben.

Pferderassen und Brände

▶ **In welche Kategorien kann man die Pferde einteilen?**

◀ In Vollblüter, Warmblüter, Kaltblüter, Traber und Ponys (hierzu zählen alle Pferde, die 1,48 m und kleiner sind).

▶ **Welche Vollblüter gibt es?**

◀ Araber (Kennzeichen: ox), Englisches Vollblut (Kennzeichen: xx). Das Kennzeichen wird hinter den Namen des Pferdes gesetzt.

▶ **Nennen Sie einige der wichtigsten Zuchtgebiete für Warmblüter in Deutschland.**

◀ Baden-Württemberg, Bayern, Berlin-Brandenburg, Hannover, Hessen, Mecklenburg-Vorpommern, Oldenburg, Rheinland, Sachsen, Sachsen-Anhalt, Schleswig-Holstein, Thüringen, Westfalen.

▶ **Wie heißen die wichtigsten Kaltblüter?**

◀ Belgier, Mecklenburger, Rheinisches Kaltblut, Ardenner und Noriker. Der Kaltblüter als schweres, auf Masse gezüchtetes Arbeitspferd wird heute in der Forstwirtschaft wieder zunehmend eingesetzt.

▶ **Welches sind die bekanntesten Ponys?**

◀ Norwegische Fjordpferde, Haflinger, Dülmener Wildpferde, Shetland-, Island-, Welsh- und Connemara-Ponys. Außerdem besitzt jedes deutsche Bundesland eine eigene Ponyzucht.

▸ **Was ist ein Traber?**

◂ Der Traber kommt aufgrund der Zuchtauswahl dem Vollblut nahe. Er wird eigens für das Renntraben gezüchtet. Am bekanntesten sind Russische, Orlow, American Standard Bred und Französische Traber.

ABB. 14 Zuchtgebiete des Deutschen Reitpferdes und Brandzeichen (nach FN)

Pferdehaltung und Umgang mit dem Pferd

Grundbedürfnisse des Pferdes

▸ **Welche Wesensmerkmale des Pferdes sind bei seiner Haltung und beim Umgang mit ihm besonders zu beachten?**

◂ Seine naturbedingten Eigenschaften als Herden-, Flucht- und Steppentier.

▸ **Wie wird den Bedürfnissen des Herdentiers Rechnung getragen?**

◂ Es muß die Möglichkeit zu sozialen Kontakten mit Artgenossen haben (Sicht- und Schnupperkontakte im Stall, Weidegang mit Artgenossen, Gruppenhaltung).
(vgl. hierzu Petra und Wolfgang Hölzel »Das eigene Pferd«, Stuttgart)

▸ **Welche Störungen können bei Haltung ohne Sozialkontakte auftreten?**

◂ Psychosen wie z. B. Koppen, Weben, ständiges Scharren, Reiben der Zähne an den Gitterstäben.

▸ **Welche Eigenschaften kennzeichnen das Fluchttier Pferd?**

◂ Es will sich Gefahren durch Flucht entziehen und hat einen großen Bedarf an Bewegung.

▸ **Wie ist diesen Eigenschaften Rechnung zu tragen?**

◂ Das Pferd muß mit Geduld an fremde, angsteinflößende Gegenstände bzw. Situationen gewöhnt werden. Ungeduld und Strafen steigern nur seine Angst! Außer dem täglichen Reiten braucht es zusätzliche Bewegungsmöglichkeiten.

▸ **Welche zusätzlichen Bewegungsmöglichkeiten gibt es?**

◂ Longieren, Führen, Freilaufenlassen, Auslauf im Paddock, Weidegang, Bewegung an der Führmaschine und auf dem Laufband.

▸ **Welche Bedürfnisse kennzeichnen das Steppentier Pferd?**

◂ Es verträgt Temperaturschwankungen, braucht viel Frischluft, Licht und Platz, und es nimmt in der Natur ganztägig Futter und Wasser auf.

ABB. 15 Leicht zu lösender Anbindeknoten

▶ **Welche Konsequenzen hat dies für Stallhaltung und Fütterung des Pferdes?**

◀ Der Stall darf nicht zu warm sein (im Kaltstall evtl. Decke auflegen!), muß ausreichend Frischluft (aber keine Zugluft!) und Licht haben. Die Box kann gar nicht groß genug sein (Mindestmaß der Boxenfläche: doppeltes Stockmaß des Pferdes im Quadrat). Das Pferd erhält dreimal und mehr Kraftfutter am Tag (Menge nach Beanspruchung), ausreichend Rauhfutter (Heu und Stroheinstreu) und Wasser (möglichst durch Selbsttränke).

Pferdepflege

▶ **Was wird für die Pferdepflege benötigt?**

◀ Striegel, Kardätsche, Reißkardätsche, zwei Schwämme, Wollappen, Hufkratzer, Wurzelbürste, Huffett und Pinsel.

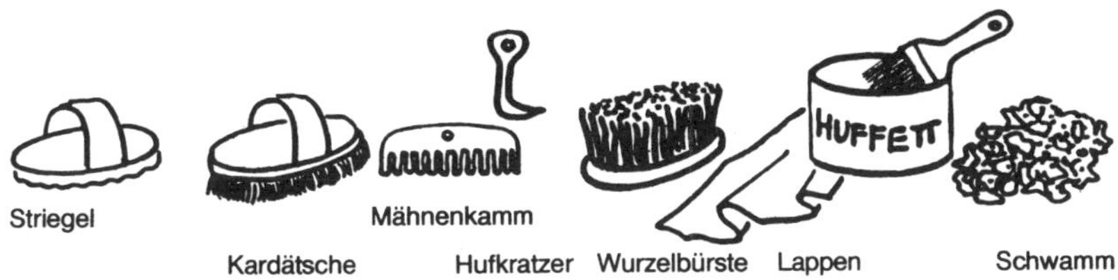

ABB. 16 Putzzeug

▸ **Wie oft und weshalb wird das Pferd geputzt?**

◂ Das Pferd wird jeden Tag einmal gründlich geputzt. Das ist zur Reinigung und als Massage wichtig.

▸ **Was tut man beim Putzen zuerst?**

◂ Man putzt grundsätzlich von vorne nach hinten. Zuerst werden alle bemuskelten Körperteile mit dem Haar und gegen das Haar durchgestriegelt. Tabu für den Striegel sind der Kopf und die Gliedmaßen vom Vorderfußwurzelgelenk und Sprunggelenk abwärts sowie ein hoher Widerrist und abstehende Hüftknochen.

ABB. 17 Putzen eines Pferdes

Wie putzt man mit der Kardätsche?

Nach dem Durchstriegeln nimmt man für die linke Seite des Pferdes die Kardätsche in die linke, den Striegel in die rechte Hand (für die rechte Seite des Pferdes ist es umgekehrt). In langen, ruhigen Strichen wird das ganze Pferd mit der Kardätsche tüchtig durchgebürstet. Dabei wird die Kardätsche dauernd in Richtung Fingerspitzen am Striegel abgestrichen. Der Striegel wird von Zeit zu Zeit auf der angefeuchteten Stallgasse ausgeklopft. Nach dem Putzen zusammenfegen, damit der Staub nicht herumfliegt!

Das Pferd ist mit Striegel und Kardätsche durchgeputzt. Was tut man als nächstes?

Man bürstet die Mähne mit einer Reißkardätsche gut durch und reibt das Pferd anschließend mit einem Wollappen ab.

Wozu dienen die beiden Schwämme?

Mit dem einen Schwamm werden die Augen und Nüstern, mit dem anderen Geschlechtsteile, Euter, Unterseite der Schweifrübe und After gesäubert.

Wie wird der Schweif gepflegt?

Der Schweif wird mit der Hand verlesen und von Zeit zu Zeit gewaschen.

Wie säubert man stark verschmutzte Beine?

Sie werden ebenfalls gewaschen und anschließend abgetrocknet.

ABB. 18 Hufe auskratzen

Was ist über die Hufpflege zu sagen?

Vor dem Reiten werden gepflegte Hufe lediglich ausgekratzt. Nach dem Reiten müssen sie gründlich gesäubert, bei warmem, trockenem Wetter gewaschen und, während sie noch feucht sind, einschließlich der Sohle eingefettet werden. Bei feuchter Witterung genügt es, den Huf außen mit einem kantigen Holzstück und einer Bürste, an der Sohle mit dem Hufkratzer zu säubern und dann einzufetten. Auf keinen Fall darf die Glasurschicht des Hufes mit harten, scharfen Gegenständen bearbeitet werden, da sie der natürliche Schutz der Hornwand ist!

Wie verhält man sich, wenn ein Pferd naßgeritten ist?

Schweißnasse Pferde dürfen nicht in den Stall gebracht werden. Bei warmem Wetter soll man sie nach der Arbeit genügend lange Schritt gehen lassen. Feuchte Stellen am Pferd werden, wenn sie nicht in der Sonne getrocknet werden können, mit Strohwischen trockengerieben. In großen, gegeneinander geführten Bogen werden die Strohwische über die feuchten Stellen geführt und durch trockene ersetzt, sobald sie feucht sind. Ein Solarium kann diese Arbeit ersetzen. Anschließend muß das Pferd glattgebürstet werden. Wenn es die Witterung zuläßt, sollten dem verschwitzten Pferd alle Körperöffnungen und die Sattellage ausgewaschen werden. Pferde mit Winterfell sollten nicht naßgeritten werden.

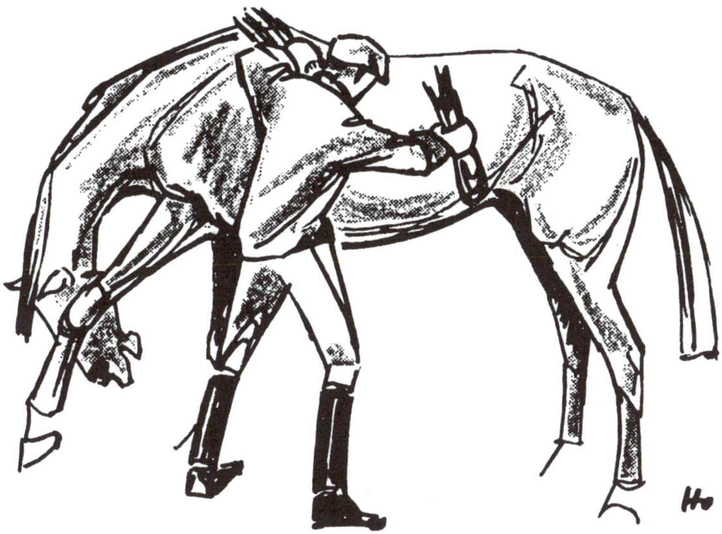

ABB. 19 Mit Stroh abreiben

Füttern und Tränken

Füttern

▶ **Wie oft und wann wird gefüttert?**

◀ Im allgemeinen wird dreimal am Tag gefüttert: frühmorgens, mittags und abends.

▶ **Wann wird die größte Portion gegeben und warum?**

◀ Am Abend. Der Abendfütterung folgt die längste Ruhepause. Das ist wichtig für die Verdauung.

▶ **Was und wieviel wird gefüttert?**

◀ Mittelschwere Pferde bekommen bei normaler Arbeit pro Tag fünf Kilo Kraftfutter, sechs Kilo Heu und Stroh nach Bedarf.

▶ **Welche Futterarten unterscheidet man?**

◀ Kraftfutter, Mineralfutter, Rauhfutter und Saftfutter.

▶ **Welche Arten von Kraftfutter gibt es?**

◀ Hafer, Mais, Roggen, Weizen, Gerste, Mash. Daneben gibt es eine Vielzahl von fertigen Kraftfuttermischungen in verschiedenen Formen.

▶ **Welches Futtermittel ist am wichtigsten?**

◀ Das wichtigste Futtermittel ist Hafer, der beim arbeitenden Pferd nur durch entsprechende fertige Kraftfuttermischungen ersetzt werden kann.

▶ **Was ist Mash und wofür braucht man ihn?**

◀ Mash (Aussprache: engl. mäsch) ist ein Gemisch aus Hafer, Weizenkleie und Leinsamen, das mit kochendem Wasser übergossen und dann angerührt wird. Der Mash wird lauwarm gefüttert, ist sehr kräftigend und deshalb für kranke und geschwächte Pferde besonders geeignet. Aber auch bei überdurchschnittlicher Beanspruchung (zum Beispiel in der Jagdzeit, bei Turnierpferden in der Saison oder beim Haarwechsel) kann Mash gefüttert werden.

▶ **Welches sind die wichtigsten Rauhfutterarten?**

Heu und Stroh.

▸ **Wie heißen die hochwertigen Heuarten?**
Kleeheu und Luzerne.

▸ **Wie wird Stroh in der Hauptsache verwendet?**
◂ Als Einstreu. Daraus holt sich das Pferd einen Teil seines Rauhfutterbedarfs.

▸ **Welche Arten von Stroh eignen sich am besten zur Einstreu?**
◂ Roggen- und Weizenstroh.

▸ **Was ist Saftfutter?**
◂ Frisches Gras, gelbe und rote Rüben, Zucker- und Futterrüben.

▸ **Was ist über die Fütterung von Saftfutter zu sagen?**
◂ Saftfutter ist – in kleineren Mengen! – sehr bekömmlich und wird als Beifutter gegeben.

▸ **Welche Hauptnährstoffe benötigt das Pferd?**
◂ Eiweiß, Fett, Rohfasern und Kohlehydrate.

Tränken

▸ **Wie oft und wann wird ein Pferd getränkt, wenn keine automatische Selbsttränke vorhanden ist?**
◂ Drei- bis viermal am Tag vor oder nach dem Füttern.

▸ **Wie muß das Wasser sein, mit dem getränkt wird?**
◂ Frisch, also nicht abgestanden. Bei erkälteten Tieren sollte etwas warmes Wasser dazugegeben werden.

▸ **Darf man ein stark erhitztes Pferd ungehindert saufen lassen?**
◂ Auf keinen Fall! Das erhitzte Pferd muß zuerst umhergeführt werden, damit es abschwitzt!

▸ **Was kann man tun, damit ein schwitzendes Pferd nicht zu schnell und gierig säuft?**
◂ Man legt ein Büschel Heu (oder etwas Stroh) auf das Wasser oder läßt das Trensengebiß im Maul.

Stall und Einstreu

Der Stall ist der Ort, an dem das Pferd den weitaus größten Teil seines Lebens verbringen muß. Deshalb ist es besonders wichtig, daß es sich dort wohlfühlt.

▸ **Wie soll ein guter Stall aussehen?**

◂ Der Stall soll groß sein, mit guter Luft ohne Zug und viel Licht. Am wohlsten fühlt sich das Pferd in einer geräumigen Box, in der es sich frei bewegen kann. Ein Fenster, das bei schönem Wetter ganz geöffnet werden kann, ist eine zweckmäßige und schöne Einrichtung.

▸ **Wie wird das Pferd in der Stallgasse angebunden?**

◂ Das Pferd darf nicht zu lang angebunden sein, damit es nicht auf den Strick treten kann. Das Pferd sollte aber auch nicht durch einen zu kurzen Strick zu einer unbequemen Kopfhaltung gezwungen werden. Auch in einem Pferdeanhänger sollte es sein Futter (meist in einem Heusack im Vorderbereich) problemlos erreichen können.

▸ **Wie soll die Krippe beschaffen sein?**

◂ Die Krippe muß so hoch angebracht sein, daß das Pferd mit leichter Halsneigung fressen kann. Nach unten soll die Krippe sich etwas erweitern, damit der Hafer nicht herausgeworfen werden kann. Das Heu wird vom Boden aus gefüttert.

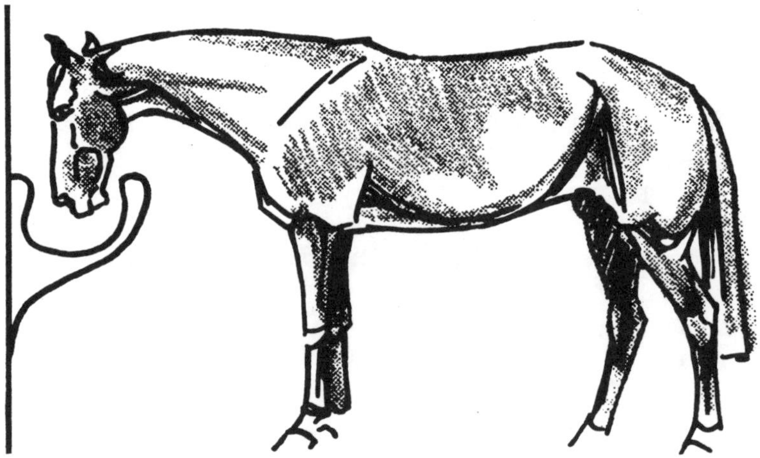

ABB. 20 Futterkrippe

▸ **Was ist über die Streu im Stall zu sagen?**

◂ Die Streu hat großen Anteil am Wohlbefinden des Pferdes, soll reichlich und sauber sein und möglichst aus Roggen- oder Weizenstroh bestehen, damit auch der Rauhfutterbedarf aus ihr ergänzt werden kann (vgl. oben). Mindestens einmal täglich muß gründlich ausgemistet werden, außerdem sollten während des Tages immer wieder Roßäpfel entfernt und frische Streu aufgeschüttet werden.

▸ **Was ist eine Matratzenstreu?**

◂ Die Matratzenstreu besteht aus gleichmäßig verteiltem, festgestampftem, trockenem Mist, auf den das frische Stroh – das immer wieder leicht aufgelockert werden soll – aufgelegt wird.

Krankheiten, Verletzungen und Erste Hilfe

Anzeichen von Krankheiten beim Pferd

▸ **An welchen allgemeinen Merkmalen erkennt man, daß ein Pferd krank ist?**

◂ Das allgemeine Befinden ist gestört, was sich in Teilnahmslosigkeit oder Unruhe, Schweißausbrüchen und Appetitlosigkeit äußern kann. Weitere Merkmale: gestörte Lebensfunktionen, unangenehmer Geruch, getrübtes Auge, rauhes, glanzloses Fell, Husten, Stöhnen, Nasenausfluß, häufiges Wälzen, Sichumsehen zum Bauch.

▸ **Was ist unter den sogenannten PAT-Werten zu verstehen?**

◂ Puls, Atmung und Temperatur eines Pferdes.

▸ **Wie hoch ist der Puls eines in Ruhe befindlichen Pferdes?**

◂ 28–44 Schläge in der Minute.

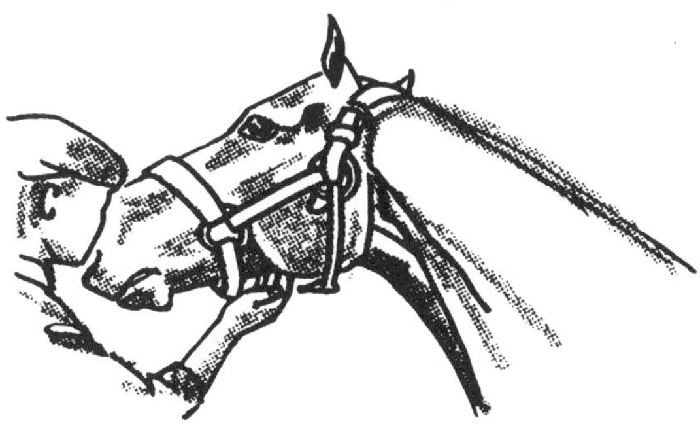

ABB. 21 Pulsfühlen

▸ **Wie oft atmet ein in Ruhe befindliches Pferd?**

◂ 8–16 Atemzüge pro Minute.

▸ **Wie hoch ist die Temperatur eines in Ruhe befindlichen Pferdes?**

◂ 37,5–38,2° Celsius.

Erste Hilfe bei Verletzungen, Erkrankungen und Lahmheiten

Verletzungen

▸ **Welche Gefahr besteht vor allem für Pferde mit äußeren Verletzungen, und welchen Schutz gibt es dagegen?**

◂ Wundstarrkrampf, verursacht durch den Tetanusbazillus. Impfungen geben einen zeitlich begrenzten Schutz.

▸ **Wie behandelt man eine kleinere Wunde?**

◂ Rings um den Wundrand werden die Haare abgeschnitten. Danach wird die Wunde desinfiziert, d. h. mit Alkohol oder Lysollösung abgewaschen, dann mit Jod oder Pyoctanin bestrichen oder mit einem Spray behandelt. Für die weitere Behandlung wird Wundpuder oder Heilsalbe verwendet.

▸ **Wie behandelt man einen Bluterguß?**

◂ Der frische Bluterguß wird in der Regel in den ersten drei Tagen gekühlt, wozu Azetat oder essigsaure Tonerde verwendet werden. Ist er älter, wird mit Kampfersalbe, Prießnitz-Umschlägen oder Enelbin die Durchblutung angeregt.

▸ **Was ist bei einem Nageltritt zu tun?**

◂ Wenn möglich, den Nagel erst entfernen, wenn ein starkes Desinfektionsmittel – z. B. Lysol oder Kresol – zur Stelle ist. Für die spätere Behandlung durch den Tierarzt (Tetanusgefahr) ist es wichtig, sich mit Hilfe des aufbewahrten Nagels zu merken, wie tief und in welcher Richtung der Fremdkörper eingedrungen ist.

▸ **Wie werden Verletzungen um das Auge behandelt?**

◂ Die Verletzung kann zum Beispiel mit einem in lauwarmem Kamillentee getränkten Wattebausch abgetupft werden. Keine scharfen Desinfektionsmittel verwenden!

▸ **Was ist eine Sommerwunde?**

◂ Eine durch Fliegeneier schlecht heilende und wuchernde Wunde.

▸ **Womit kann z. B. die Eierablage der Fliegen verhindert werden?**

◂ Die vorbehandelte ältere Wunde wird mit einer desinfizierenden, antibiotischen Salbe und mit einem Mittel gegen Parasiten behandelt.

Erkrankungen

Kleinere Erkrankungen

▸ **Was ist Mauke, und wie behandelt man sie?**

◂ Unter Mauke versteht man eine Hautentzündung in der Fesselbeuge, die im fortgeschrittenen Stadium stark näßt. Verursacht wird sie durch Nässe, Staub und Schmutz, hartes Bürsten und chemische Reize, zum Beispiel Kunstdünger. Vor der Behandlung werden zuerst die Haare sauber abgeschnitten, dann wird die kranke Stelle mit Alkohol abgewaschen und zuletzt mit Puder oder Zinksalbe behandelt. Keine scharfen Desinfektionsmittel benutzen, da sie die Wunde erneut reizen! Mauke heilt am schnellsten in Ruhestellung.

▸ **Welche Mittel benutzt man gegen Strahlfäule?**

◂ Zuerst wird der Strahl gründlich gesäubert, anschließend streicht man Kupfervitriol auf, oder man benutzt ein Desinfektionsspray.

Krankheiten

▸ **Was ist bei Husten zu tun?**

◂ Pferde, die kein Fieber haben, können in frischer Luft schonend geritten werden. Bei Husten mit Fieber darf das Pferd auf keinen Fall geritten werden. Den Tierarzt kommen lassen, weil Infektionsgefahr besteht! Wichtig ist es, daß die erkrankten Tiere in einem kühlen, luftigen Stall ohne Zugluft stehen. Staub ist nach Möglichkeit gänzlich zu meiden. Das Heu anfeuchten!

▸ **Wie wird ein Pferd mit Nasenausfluß behandelt?**

◂ Nasenausfluß ist ein Alarmzeichen! Man sollte unbedingt einen Tierarzt rufen.

▸ **Was ist Kreuzverschlag, und woran erkennt man ihn?**

◂ Kreuzverschlag ist eine Vergiftungserscheinung, die sich in Bewegungsstörungen der Hinterhand äußert, sich schnell verschlimmert (Erstarrung) und von Schweißausbrüchen begleitet ist. Eine oder mehrere der Muskelgruppen der Hinterhand (meistens Kruppe, Lende, Oberschenkel) sind hart und geschwollen. Der Harn ist rot bis schokoladenfarben, manchmal auch schwarz, deshalb wird diese Krankheit auch Schwarze Harnwinde genannt. Sie ist lebensgefährlich, deshalb schnell den Tierarzt holen!

▸ **Warum nennt man Kreuzverschlag auch Feiertagskrankheit?**

◂ Weil er durch zu kräftiges Futter bei Bewegungsmangel entsteht.

▸ **Was ist zu tun, bis der Tierarzt da ist?**

◂ Das Pferd darf nicht bewegt werden und darf sich auf keinen Fall hinlegen. In der Nierengegend und Kruppe heiße Leinsamen- oder Kartoffelsäckchen auflegen!

▸ **Was ist Kolik?**

◂ Kolik ist eine schmerzhafte Verdauungsstörung, bei der das Pferd nicht mehr misten oder Wasser lassen kann.

▸ **Woran erkennt man eine Kolik?**

◂ Scharren mit den Vorderbeinen, Wegstellen der Hinterbeine, öfteres Sichumsehen zum Bauch, Schweifschlagen, öfteres Niederlegen, Schweißausbruch, Versuche zu misten oder Wasser zu lassen.

ABB. 22 Streckstellung bei Kolik

▸ **Was kann man tun, bis der Tierarzt kommt?**

◂ Das Pferd darf sich nicht wälzen. Das Tier mit Stroh abreiben und eindecken.

▸ **Wodurch kann Kolik entstehen?**

◂ Durch Bewegungsmangel bei gleichzeitig hohem Futterangebot, Aufregung, Erkältung, schlechtes und verdorbenes Futter oder durch Wurmbefall.

▸ **Was ist gegen Würmer zu tun?**

◂ Bei der Vielzahl von Wurmarten, die ein Pferd haben kann, ist es am besten, einen Tierarzt zu Rate zu ziehen.

▸ **Wann bzw. wie oft soll eine Wurmkur verabreicht werden, und was ist besonders zu beachten?**

◂ Das hängt von der Untersuchung einer frischen Kotprobe durch den Tierarzt ab, der aufgrund des Befundes eine evtl. notwendige Entwurmung durchführt. Wichtig ist es, das Pferd genau zu beobachten und bei schlechtem Gesundheitszustand (Abmagerung, stumpfes Fell, auffälliger Leistungsabfall) den Tierarzt zu Rate zu ziehen.

Lahmheiten

▸ **Wie behandelt man leichte Beinschäden (Schwellungen und Verdickungen), die durch Überanstrengung oder Anschlagen entstanden sind?**

◂ In den ersten drei Tagen wird das Bein gekühlt, dann wird es warm behandelt (s. auch unter Bluterguß S. 60).

▸ **Welche Beinschäden können zu schweren Lahmheiten führen?**

◂ Brüche, Zerrungen, Muskel- und Sehnenrisse, Verstauchungen und Knochenauftreibungen (zum Beispiel Überbeine).

▸ **Wie verhält man sich bei schweren Lahmheiten?**

◂ Man zieht unbedingt den Tierarzt zu Rate.

Zäumung und Sattelung

Trense

► **Auf welcher Seite ist die längere Zügelhälfte eingeschnallt und warum?**

◄ Die langere Zügelhälfte ist links eingeschnallt, weil sie den größeren Bogen beschreiben muß, wenn das Zügelende nach rechts herunterhängt.

► **Welche Teile der Trense müssen dem Pferd angepaßt sein, und welche lassen sich verschnallen?**

◄ Gebiß, Nasen- und Stirnriemen müssen in der Breite dem Pferd angepaßt sein; alle anderen Teile lassen sich an der Genick- oder der Backenschnalle verstellen.

► **Wie ist die zulässige Gebißdicke für Trensengebisse?**

Die Mindestdicke muß am Maulwinkel 14 mm betragen.

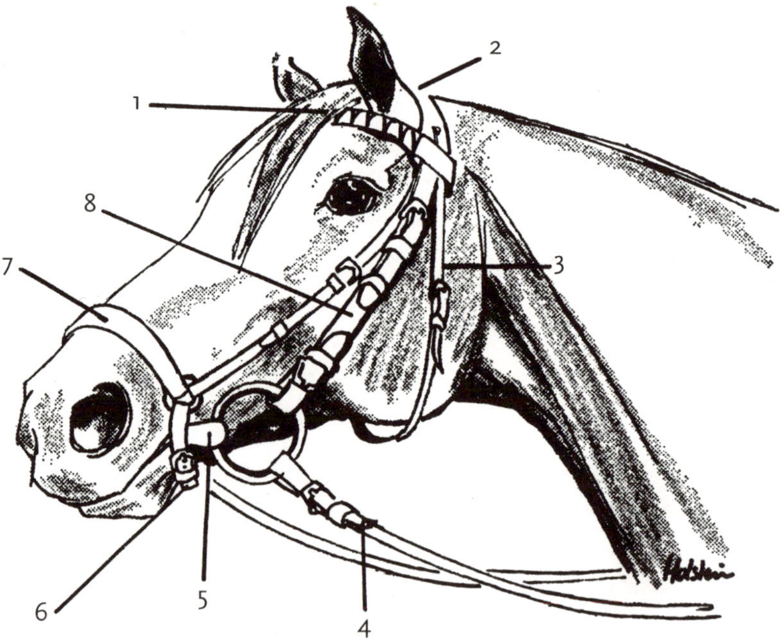

ABB. 23 Trense
1 Stirnriemen, 2 Genickstück, 3 Kehlriemen, 4 Zügel, 5 Gebiß (Trense), 6 Kinnriemen, 7 Nasenriemen, 8 Backenstück

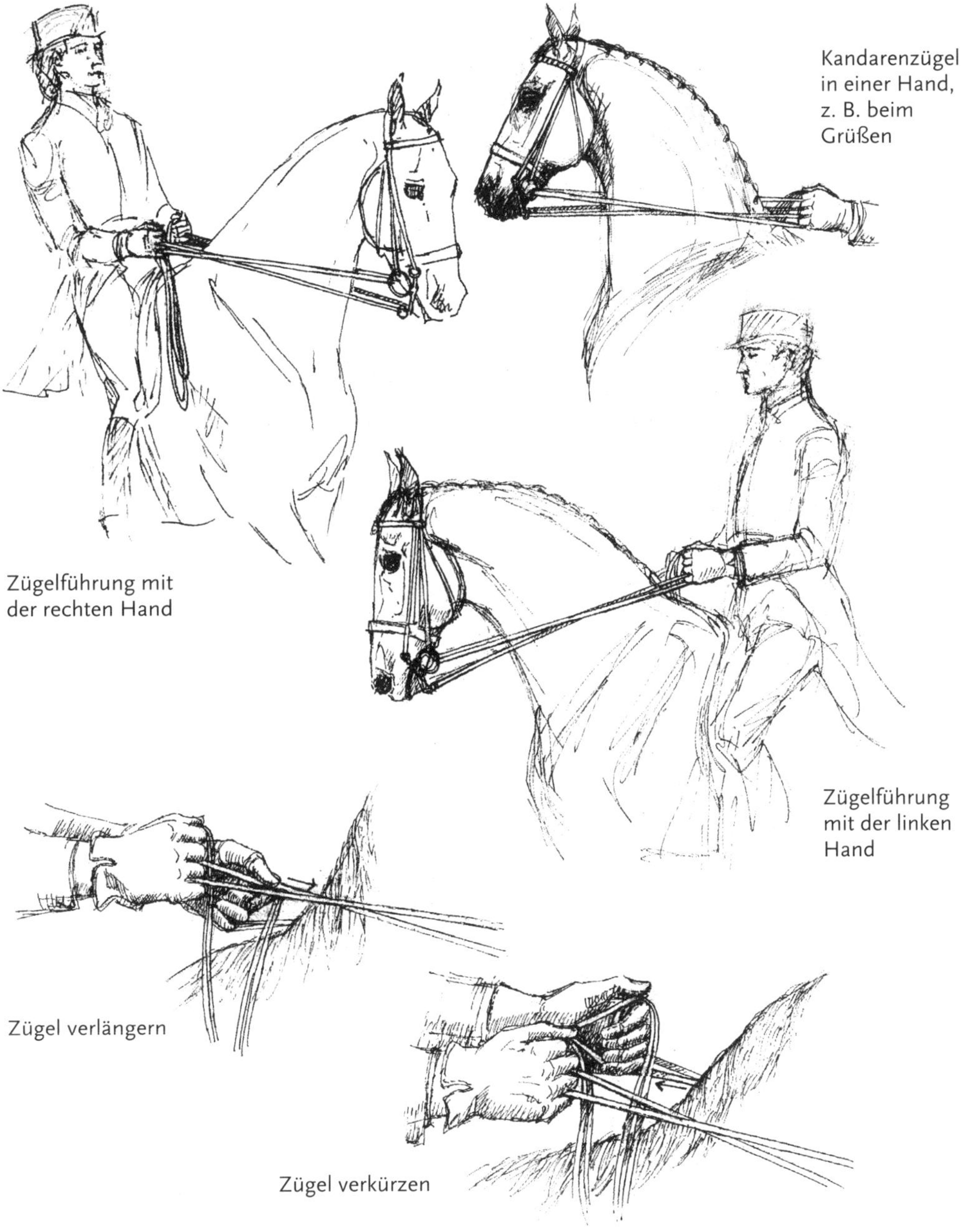

ABB. 24 Zügelführung

Kandare

▸ **Warum wird mit Kandarenzäumung geritten?**

◂ Die Kandarenzäumung dient zur Verfeinerung der Hilfengebung. Abzulehnen ist ihr Mißbrauch zum Zweck einer wirkungsvolleren bis schmerzhaften Zügeleinwirkung!

▸ **Wie fest soll die Kinnkette sein?**

◂ Die Kandare darf nicht durchfallen oder strotzen; der Winkel der Stange zur Maulspalte soll ungefähr 45° betragen.

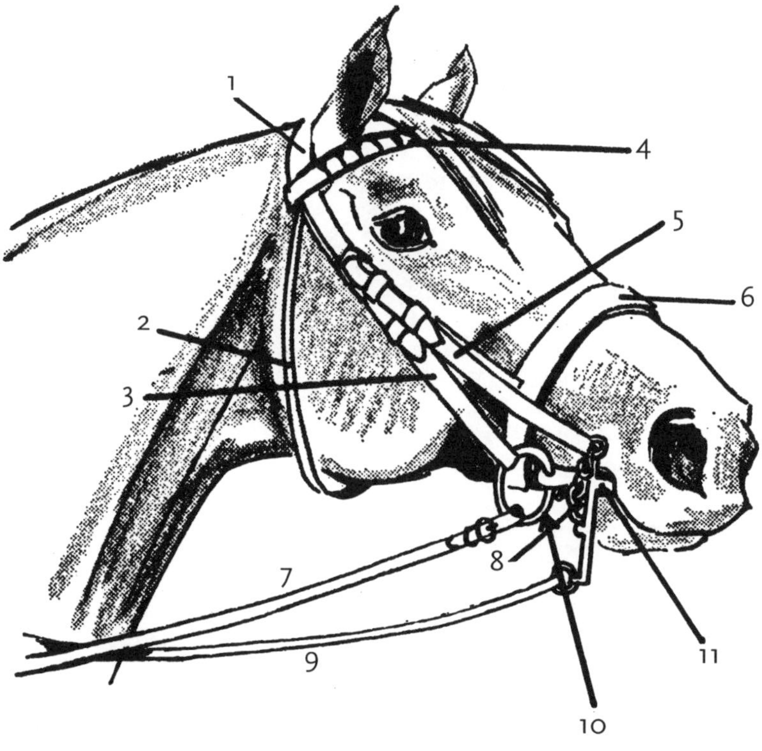

ABB. 25 Kandare

1 Genickstück
2 Kehlriemen
3 Trensenbackenstück
4 Stirnriemen
5 Kandarenbackenstück
6 Nasenriemen
7 Trensenzügel
8 Kinnkette
9 Kandarenzügel
10 Unterlegtrense
11 Kandarengebiß mit Kinnkettenhaken

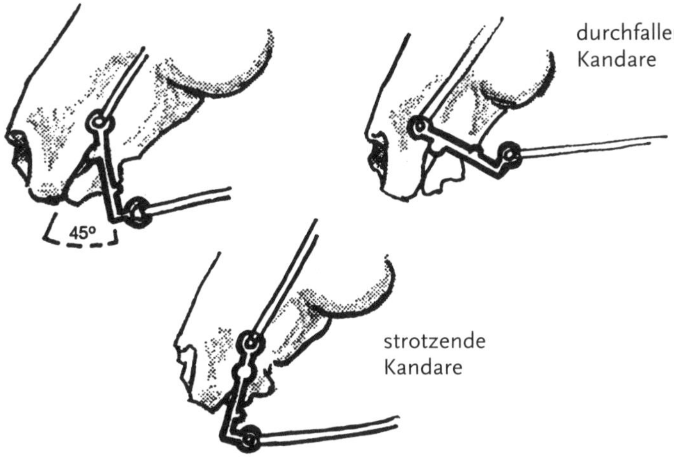

ABB. 26 Kandarenstellungen

Sattel

▸ **Welche Arten von Sätteln gibt es?**

Dressur-, Spring- und Vielseitigkeitssattel.

▸ **Wodurch unterscheiden sich diese drei Sattelarten?**

◂ Beim Springsattel muß die Knielage wegen der kurzen Bügel weit vorgebaut sein, während die langen Bügel beim Dressurreiten eine weniger weit vorgebaute Knielage erforderlich machen. Das Sattelblatt des Dressursattels muß länger sein als das des Springsattels, damit der Reiter bei langen Bügeln nicht mit dem oberen Stiefelrand unten am Sattelblatt hängenbleibt und es in die Höhe schiebt. Der Vielseitigkeitssattel ist der übliche Sattel für alle Zwecke.

ABB. 27 Verschiedene Sattelarten

▸ **Aus welchen Teilen besteht der Sattel?**

◂ Der Sattel besteht (1) aus der Sattelkammer, (2) dem Schweißblatt, (3) dem Sattelgurt, (4) dem Vorderzwiesel, (5) der Sitzfläche, (6) dem Hinterzwiesel, (7) dem Sattelpolster, (8) den beiden Sattelblättern mit den (9) Pauschen, (10) den Steigbügelriemen mit den (11) Steigbügeln und (12) den drei Gurtstrippen (vgl. Abb 28).

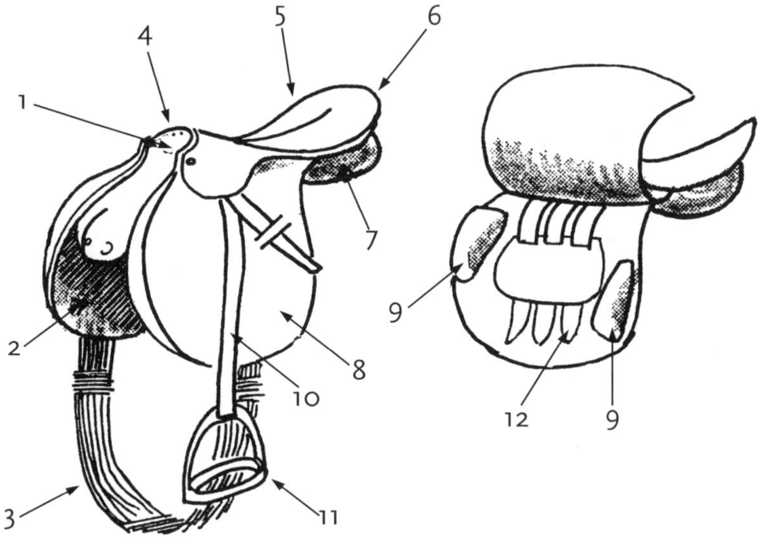

ABB. 28 Sattelteile

▸ **Wo muß der tiefste Punkt des Sattels liegen?**

◂ In der Mitte der Sitzfläche.

▸ **Worauf ist bei der Sattelkammer besonders zu achten?**

◂ Sie muß hoch genug sein, d.h. genügend Raum für den Widerrist haben, damit kein Satteldruck entstehen kann.

▸ **Wie muß der Sattel aufliegen?**

◂ Der Sattel muß an allen Punkten gleichmäßig auf dem Pferderücken aufliegen.

▸ **Wie soll eine gute Sattelunterlage beschaffen sein?**

◂ Atmungs- und saugfähig und leicht zu reinigen.

▸ **Wie müssen die Steigbügel beschaffen sein?**

◂ Groß und schwer.

▸ **Was hat das für Gründe?**

◂ Der Reiter muß beim Fallen schnell aus den Bügeln herauskommen können. Wenn er sie während des Reitens verliert, soll es ihm möglich sein, sie schnell wieder aufzunehmen. Beides wird durch einen schweren, nach unten ziehenden Bügel wesentlich erleichtert (vgl. hierzu Petra und Wolfgang Hölzel »Sicher Reiten«, Stuttgart).

▸ **Warum sind am Sattel drei Gurtstrippen angebracht?**

◂ Normalerweise braucht man zwei Gurtstrippen, um den Sattelgurt hindurchzuziehen. Die dritte Gurtstrippe dient als Ersatzstrippe oder um die Sattellage korrigieren zu können.

Satteln und Trensen

▸ **Was wird zuerst aufgelegt: Sattel oder Trense?**

◂ Wenn das Pferd in der Stallgasse angebunden ist, wird es zuerst gesattelt, dann getrenst. In der Box ist die Reihenfolge umgekehrt. So kann man in jedem Fall verhindern, daß das Pferd wegläuft.

▸ **Wie wird ein Pferd gesattelt?**

◂ Der Reiter nimmt den Sattel auf den linken Arm, Sattelgurt von rechts nach links übergeschlagen. Man spricht das Pferd zuerst ruhig an. Dann wird der Sattel möglichst weit vorne sanft aufgelegt und nach hinten in die Sattellage geschoben, damit das Fell glatt liegt. Der Sattel liegt dann richtig, wenn zwischen der vorderen Kante des Sattelgurts und dem Ellenbogenhöcker eine Handbreit Platz ist. Nun wird die Satelunterlage nach oben in die Sattelkammer geschoben; etwa unter den Sattel gerutschte Mähnenhaare werden vorgezogen. Anschließend geht man auf die rechte Seite, um nachzusehen, ob Sattel und Unterlage glatt liegen. Den Sattelgurt herunterlassen! Dieser wird auf der linken Seite anfangs nur locker festgeschnallt, damit das Pferd sich nicht verkrampft.

ABB. 29 Auftrensen, wobei das als Halsriemen geschnallte Halfter das Pferd am Weglaufen hindert.

▸ **Wie wird das Pferd getrenst?**

◂ Zum Trensen stellt sich der Reiter an die linke Seite des Pferdes, hält dabei Kopfstück, Zügelschnalle und Nasenriemen der Trense in der rechten Hand und legt den Handballen über die Nase des Pferdes. Die linke Hand schiebt das Trensengebiß ins Maul. Wenn das Pferd das Maul nicht aufmacht, steckt man den Daumen in die zahnlose obere Maulspalte. Dann wird das Genickstück über die Ohren geschoben, der Nasenriemen heruntergelassen, die Zügel werden zurückgeschoben und zuletzt die Schopfhaare über das Stirnband gelegt. Wichtig ist, daß der Stirnriemen gerade sitzt, ohne die Ohren einzuklemmen. Nachsehen, ob der Nasenriemen ebenfalls gerade ist und das Gebiß richtig an den Maulwinkeln anliegt, ohne diese in die Höhe zu ziehen. Die Lage des Nasenriemens richtet sich nach der Höhe der Maulspalte: Zwischen der unteren Kante des Nasenriemens und dem oberen Nüsternrand soll ein Zwischenraum von ungefähr drei Fingern Breite sein. Bei geschlossenem Kinnriemen darf das Gebiß im Maul nicht hochgezogen werden; andererseits könnte ein zu tief liegender Nasenriemen die Atmung behindern. Der Kehlriemen ist so zu verschnallen, daß eine Handbreit Luft bleibt. Zwischen Kinnriemen und Kinn sollen zwei flach angelegte Finger Platz haben. Ist der Kehlriemen zu eng, so spannt er, wenn das Pferd am Zügel geht. Wenn der Kinnriemen zu eng geschnallt ist, behindert er die Maultätig-

ABB. 30 Auftrensen bei Pferden, die sich sträuben.

keit; ein zu weiter Kinnriemen verleitet das Pferd dazu, sich durch Maulaufsperren den Paraden des Reiters zu entziehen.

▸ **Was ist beim Absatteln und Abtrensen zu beachten?**

◂ Abgesattelt und abgetrenst wird in jeweils umgekehrter Reihenfolge wie oben beschrieben. Das Trensengebiß muß nach dem Abtrensen ausgewaschen werden!

Hilfsmittel

Beim Longieren

▸ **Was braucht man zum Longieren?**

◂ Sattel, Longiergurt, Trense, eine Longe, zwei Ausbinder und eine Longierpeitsche.

▸ **Aus welchen Gründen longiert man ein Pferd?**

◂ Um das Pferd zu bewegen oder um es vor dem Reiten zu lösen.

▸ **Welchen Zweck erfüllt das Longieren beim jungen Pferd?**

◂ Es lernt, sich auf der Zirkellinie im Takt auszubalancieren und sich ohne Reitergewicht loszulassen.

▸ **Wie wird das Pferd zum Longieren fertiggemacht?**

◂ Die Steigbügel werden hochgeschlagen, und das Zügelende wird in dem kleinen Ring festgeschnallt, der vorne am Sattel angebracht ist. Die Ausbinder befestigt man über dem Ledersteg der Sattelunterlage am Sattelgurt. Sie werden in der Länge so verstellt, daß die Nase des Pferdes 2–3 Finger breit vor der Senkrechten steht. Dabei ist der innere Ausbinder jeweils zwei Loch kürzer. Die Longe kann bei jungen oder empfindlichen Pferden in den kleinen Ring am Reithalfter oder am Nasenriemen eingeschnallt werden anstatt – wie normal – im Trensenring. Gut bewährt hat sich auch die Verwendung eines Kappzaumes. Ausbinder sind nur eine Möglichkeit, wie man ein Pferd beim Longieren ausbinden kann.

ABB. 31 Bügel zum Longieren hochgeschlagen

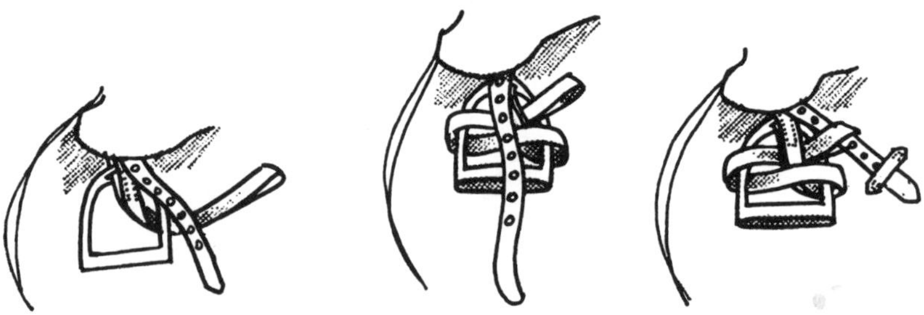

ABB. 32 Weitere Möglichkeit, die Bügel zu befestigen

ABB. 33 Zum Longieren ausgebundenes Pferd

▸ **Wie werden Longe und Peitsche gehalten?**

◂ Wenn auf der linken Hand longiert wird, hält man – bei leicht angewinkeltem Arm – die Longe in der linken Hand, die Peitsche in der rechten. Diese zeigt auf die Hinterbeine des Pferdes. Auf der rechten Hand ist es umgekehrt.

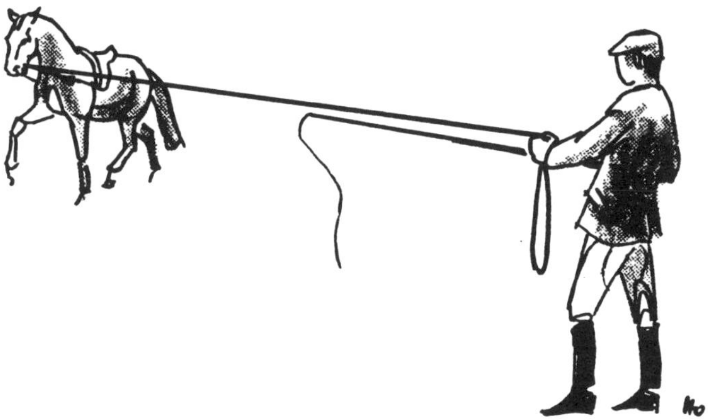

ABB. 34 Longieren

Beim Reiten

► **Welche Hilfsmittel gebraucht man beim Reiten?**

◄ Ausbinder, Stoßzügel, Dreieckszügel, Martingal, Gerte und Sporen.

► **Wozu werden Ausbindezügel verwendet?**

◄ Zum Longieren und bei Anfängern werden Pferde ausgebunden. Die jungen Reiter kommen dabei besser zum Sitzen, und gleichzeitig werden die Pferde im Rücken geschont.

ABB. 35 Ausbinder

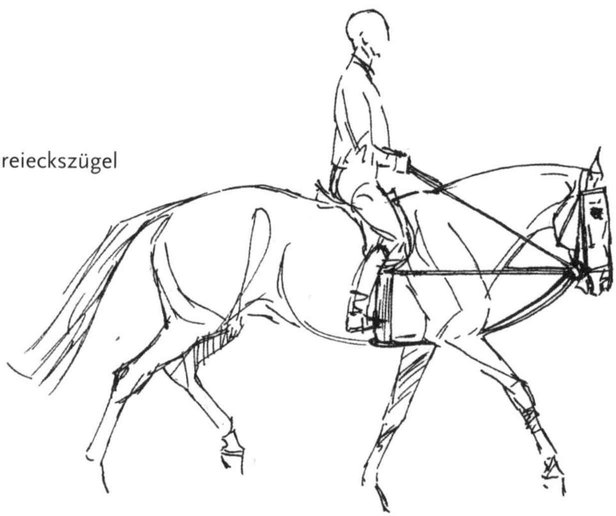

AAB. 36 Dreieckszügel

Wozu dient das Martingal?

Das Martingal wird vor allem als laufendes Ringmartingal bei Spring- und Geländepferden verwendet, die wegen mangelnder Ausbildung, Temperaments- oder Gebäudefehler mit dem Kopf nach oben schlagen.

ABB. 37 Stoßzügel

ABB. 38 Martingal

▸ Welche Aufgabe hat die Gerte?

◂ Die Gerte soll den vorwärtstreibenden Schenkel unterstützen. Sie ist beim Dressurreiten 1,20 bis 1,40 m lang und wird hinter dem Schenkel eingesetzt. Die ca. 75 cm lange Springgerte wirkt an der Schulter des Pferdes ein; sie soll so angefaßt werden, daß nichts oben aus der Faust des Reiters hervorragt, damit sich der Reiter nicht mit dem Ende ins Gesicht stoßen kann.

▸ Wozu verwendet man die Sporen?

◂ Sie sollen die Wirkung des Unterschenkels verstärken und damit dessen Hilfengebung verfeinern. Ein Reiter mit langen Beinen verwendet lange Sporen, die am oberen Rand der Kappe angeschnallt werden. Hat der Reiter kurze Beine, kann er kurze Sporen verwenden. Auf alle Fälle schnallt er sie tief – oberhalb des Absatzes – an. Bei jungen Pferden und rossigen Stuten sind die Sporen besser durch eine Gerte zu ersetzen.

ABB. 39 Gerte und Sporen dienen zur Unterstützung der treibenden Hilfen

Bandagen und Sprungglocken

▸ **Welchen Zweck erfüllen Bandagen?**

◂ Sie geben Halt, schützen vor Stauchungen, Prellungen und Verletzungen.

ABB. 40

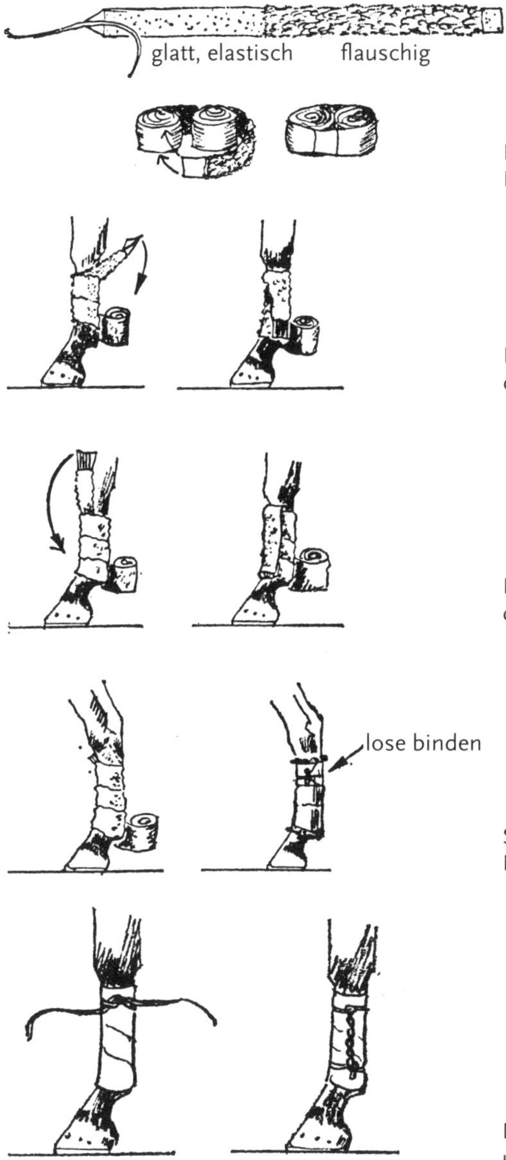

Ein Paar aufgerollte Sandown-Bandagen

Bandagen als Extraschutz für die Innenseite des Beines

Bandagen als Extraschutz für das Schienbein beim Springen

Stallbandagen verhindern die Entstehung von Gallen

Möglichkeit der Bänder-Verknotung

▸ **Wie läßt sich die Gefahr ausschalten, daß sich während des Rittes eine Bandage löst?**

◂ Man verknotet die Bänder vorsichtig (s. Abb. 40), benutzt Klettverschlüsse oder die praktischen Elastik-Sicherheitsverschlüsse.

▸ **Wie wird die Bandage angelegt?**

◂ (Siehe Abb. 40)

▸ **Welche Schutzmaßnahmen gibt es außer den Bandagen?**

◂ Die in Größe und Form passenden Leder- oder Kunststoff-Streichgamaschen.

▸ **Welchen Zweck erfüllen Sprungglocken?**

◂ An den Vorderbeinen schützen sie vor Ballentritten, die vor allem beim Landen nach einem Sprung in tiefem Boden entstehen können. Beim Transport können sie an allen vier Beinen Kronentritte verhindern.

ABB. 41

Streichgamasche

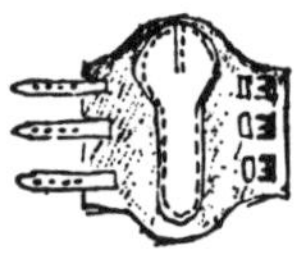

Sprungglocke

Pflege des Lederzeugs

▸ **Wie soll das Lederzeug aufbewahrt werden?**

◂ Das Lederzeug sollte möglichst nicht im Stall, sondern in einer Sattelkammer aufbewahrt werden: Einmal schadet der Stalldunst dem Leder, zum anderen können Pferde, die sich losgemacht haben, großen Schaden anrichten.

▸ **Wie wird das Lederzeug gereinigt und gepflegt?**

◂ Das Lederzeug soll mit Sattelseife und einem feuchten Schwamm gereinigt und wöchentlich einmal mit Lederfett eingefettet werden. Der Teil des Sattels, der mit der Reithose in Berührung kommt, wird nur mit Sattelseife behandelt. Wildleder rauht man lediglich mit einer dafür vorgesehenen Bürste auf.

▸ **Wie werden die übrigen Teile des Sattelzeugs behandelt?**

◂ Steigbügel und Gummieinlagen werden gewaschen. Die Sattelunterlage wird ebenfalls regelmäßig gewaschen.

Pferdekauf

Vorführen eines Pferdes

▸ **Wie werden die Zügel beim Vorführen gehalten?**

◂ Die Zügel werden beim Vorführen vom Hals genommen; der Zeigefinger der rechten Hand greift zwei bis drei Handbreit unter dem Kinn zwischen die Zügel. Das Zügelende wird zusammengelegt und in die rechte Hand genommen, der Daumen auf die Zügel aufgesetzt.

▸ **Auf was ist besonders zu achten, wenn das Pferd aus dem Stall heraus oder wieder hineingeführt wird?**

◂ Der Vorführer muß beruhigend mit dem Pferd sprechen, damit es nirgends anrennt und auf der Stallgasse nicht ausrutscht. Dabei geht er auf der linken Seite hinter dem Auge des Pferdes und sieht es nicht an!

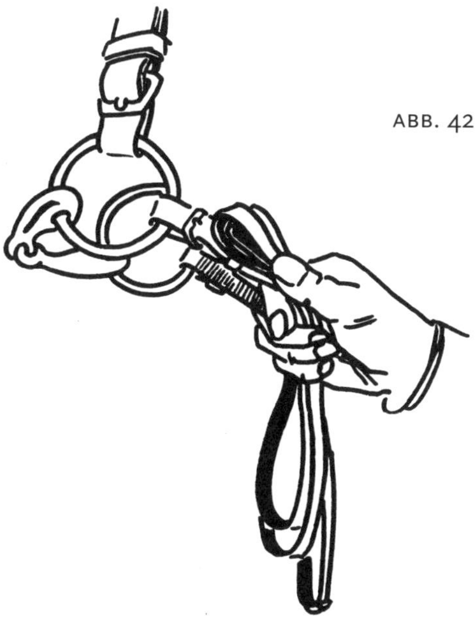

ABB. 42 Zügelhaltung beim Vorführen

▸ **Wie erreicht man, daß der Beschauer das Pferd möglichst vorteilhaft, also in reinen, schwungvollen Gängen, zu sehen bekommt?**

◂ Der Vorführende geht ungefähr in Schulterhöhe des Pferdes und hält Gleichschritt mit dessen Vorderbeinen. Durch Zungenschnalzen oder leichtes Anziehen der Zügel kann er das Tempo regulieren. Wendungen werden immer nach rechts ausgeführt.

ABB. 43 Vormustern

ABB. 44 Aufstellung

Wie soll die Aufstellung aussehen?

Der Vorführende tritt vor das Pferd und hält mit jeder Hand einen Zügel, das Zügelende in der Rechten. Ist der Boden uneben, sollte die Hinterhand etwas tiefer stehen. Das Pferd wird in geöffneter Stellung gezeigt: Auf der Seite, die dem Beschauer zugekehrt ist, läßt man das Vorderbein einen halben Schritt vor-, das Hinterbein einen halben Schritt zurücktreten. Stellungskorrekturen sind stets nach vorne vorzunehmen. Das Pferd soll Kopf und Hals bei der Aufstellung frei tragen.

Zusammenhang von Körperbau und Eignung als Reitpferd

Was versteht man unter Exterieurbeurteilung?

Der Pferdekörper wird nach seiner äußeren Erscheinung und Form beurteilt.

Wie wünscht man sich den Kopf des Pferdes?

Der Kopf sollte den Proportionen der anderen Körperteile entsprechen, auf keinen Fall darf er zu groß und zu schwer sein. Die Augen sollen groß, lebhaft und intelligent sein. Fein ausgebildete Ohren, die durch ihre Beweglichkeit Temperament und Aufmerksamkeit verraten, sind wichtig.

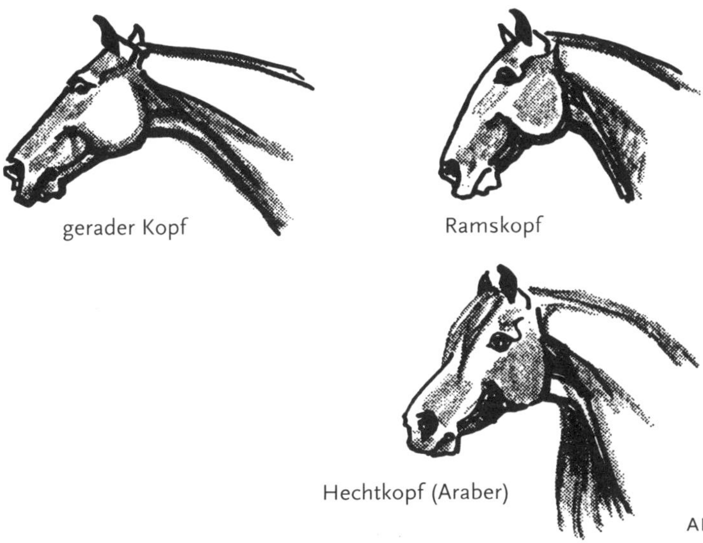

ABB. 45 Kopfformen

günstig angesetzter Kopf — ungünstig angesetzter Kopf

ABB. 46 Ganaschen-Kopfansatz

▸ Was sind die Voraussetzungen dafür, daß ein Pferd ohne große Schwierigkeiten durchs Genick geritten werden kann?

◂ Bei guter Halsform müssen die breiten Ganaschen den Ohrspeicheldrüsen genügend Spielraum lassen – die Backenknochen dürfen also nicht zu breit sein. (Ganasche = Bereich am hinteren oberen Unterkieferrand am Übergang vom Kopf zum Hals. Der Ganasche liegt die Ohrspeicheldrüse an. Ganaschenzwang = schmerzhafte Quetschung der Ohrspeicheldrüse beim Beizäumen durch Druck gegen den Atlaswirbel.)

▸ Wie sieht der Hals eines gut gebauten Pferdes aus?

◂ Er soll aus der Schulter heraus breit angesetzt sein. Bei mittlerer Halslänge wünscht man die Linie des Oberhalses länger als die des Unterhalses.

▸ Weshalb ist ein Hirschhals (ausgeprägter Unterhals) unerwünscht?

◂ Ein Pferd mit Hirschhals ist – vor allem wenn Ganaschen- und Genickschwierigkeiten hinzukommen – schwer an den Zügel zu reiten.

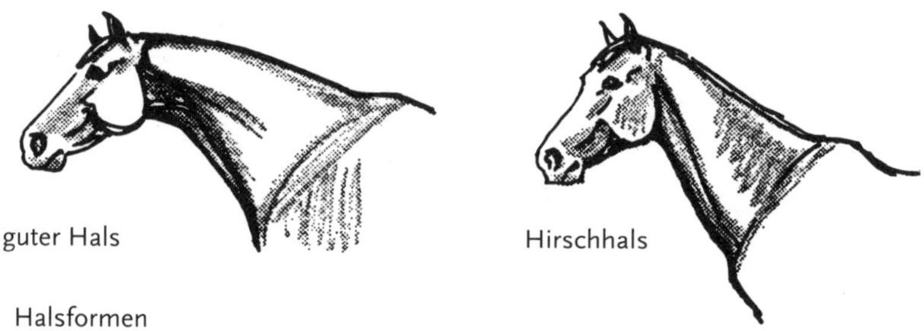

ABB. 47 Halsformen

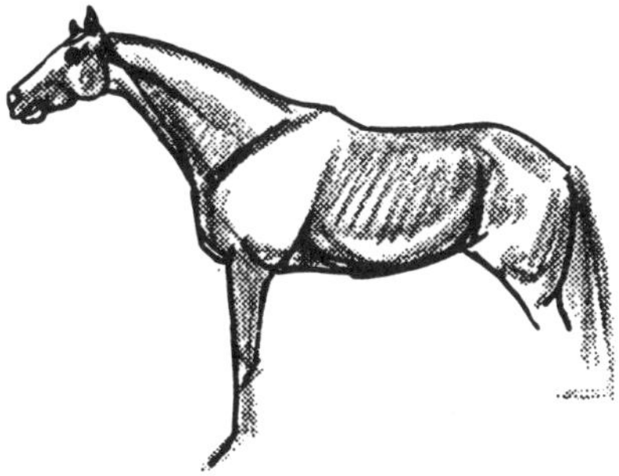

ABB. 48 Gut gelagerte Schulter

ABB. 49 Steile Schulter, meist zugleich tiefer Halsansatz

► **Wofür ist ein ausgeprägter breiter und langer Widerrist wichtig?**

◄ Damit das Pferd viel Muskulatur ansetzen kann und so die Verbindung von Rumpf und Vorderbeinen möglichst stabil wird und Kraft für eine weit ausgreifende Vorderbeinbewegung entstehen kann. Außerdem ist der ausgeprägte Widerrist für eine gute Sattellage wichtig.

► **Wie sollte die Schulter des Pferdes gebaut sein?**

◄ Lang und schräg (nicht steiler als 45 Grad). Sie muß außerdem durch ihre Breite genügend Ansatzfläche für die Muskeln bieten.

► **Was bewirkt eine zu steile oder zu schmale Schulter?**

◄ Sie behindert Aktion und Raumgriff des Pferdes.

► **Weshalb ist eine breite und tiefe Brust wichtig?**

◄ Damit Herz und Lunge genügend Platz haben. Das ist besonders bei Leistungspferden von großer Bedeutung.

► **Wie soll der Rücken beschaffen sein?**

◄ Der Rücken muß eine leichte Senkung in der Sattellage haben, gut bemuskelt und von mittlerer Länge und guter Rippenwölbung sein.

► **Wie soll der Übergang zur Nierenpartie sein?**

◄ Der Übergang zur Nierenpartie soll sacht und ohne sichtbare Grenze sein.

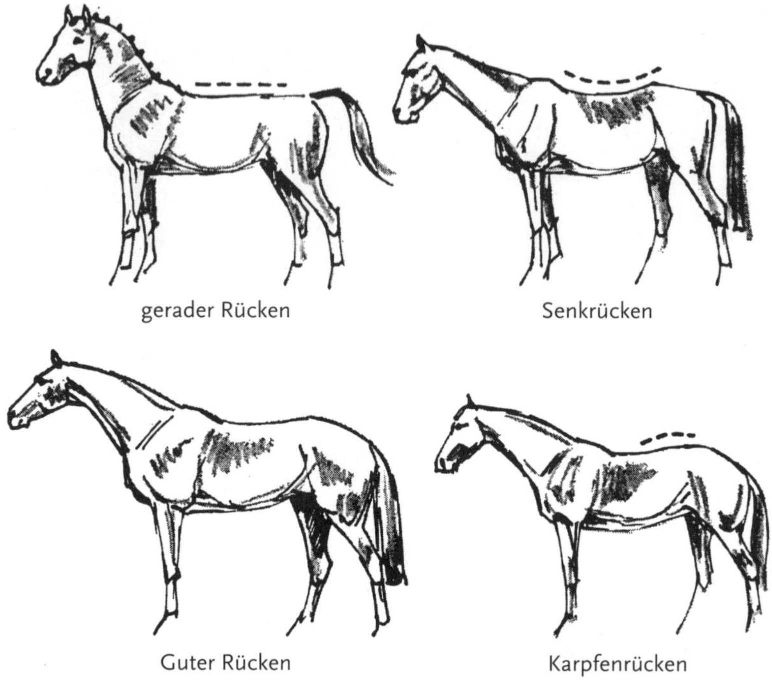

ABB. 50 Rückenformen

▸ Wie soll die Kruppe aussehen?

◂ Die Kruppe soll möglichst lang, breit und abgerundet sein, ihre Muskeln sollen lang und stark – als sogenannte Hosen – am Oberschenkel in Richtung Sprunggelenk verlaufen.

▸ Was ist bei der Beurteilung der Pferdebeine besonders zu beachten?

◂ Die Beine sollen klar und fest sein und keine Gallen und Überbeine haben.

▸ Was ist über das Längenverhältnis vom Unterarm zur Vorderröhre zu sagen?

◂ Der Unterarm soll mindestens ebenso lang sein wie die Vorderröhre, möglichst aber länger, weil die Vorderröhre wenig bemuskelt ist. Das gilt auch für Unterschenkel und Hinterröhre.

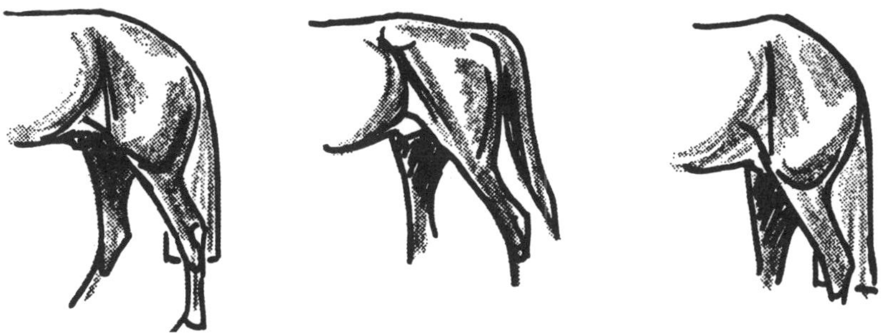

gute Kruppe — gerade flache Kruppe — abgeschlagene Kruppe

ABB. 51 Kruppen

ABB. 52 So wird das Bandmaß abgenommen...

ABB. 53 ...und so das Stockmaß.

Die Gewährsmängel

▸ **Was wissen Sie über Gewährsmängel?**

◂ Als Gewährs- oder Hauptmängel bezeichnet man sechs Fehler, über die der Verkäufer den Käufer eines Pferdes unterrichten muß. Tritt einer dieser Fehler innerhalb von 14 Tagen nach Kaufabschluß auf, muß der Verkäufer das Pferd zurücknehmen und den vollen Preis zurückzahlen.

▸ **Welche Fehler gelten als Gewährsmängel?**

Dämpfigkeit, Koppen, Kehlkopfpfeifen, Dummkoller, Periodische Augenentzündung, Rotz.

▸ **Was ist Dämpfigkeit, und wie kann man sie erkennen?**

◂ Dämpfigkeit wird durch einen chronischen unheilbaren Krankheitszustand der Lunge oder des Herzens verursacht. Sie äußert sich durch schnelles, unregelmäßiges Atmen schon bei kleinen Anstrengungen, das nur langsam wieder abklingt, oft verbunden mit Husten und der sogenannten Dampfrinne.

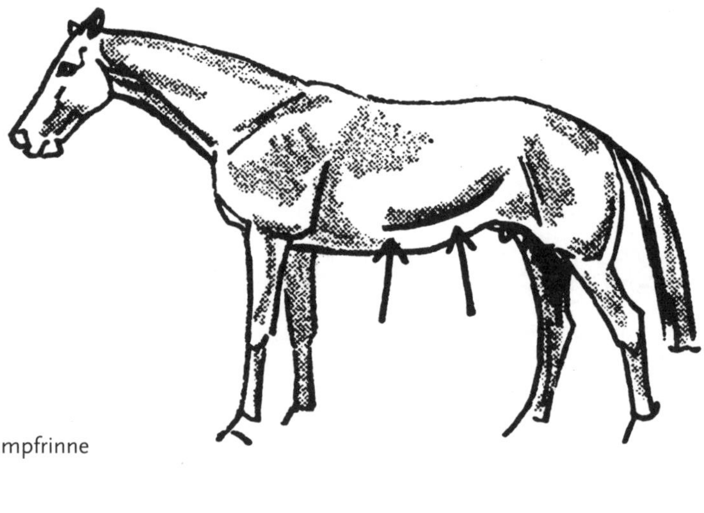

ABB. 54 Dampfrinne

▸ Was ist Koppen, und wie äußert es sich?

◂ Koppen gehört zu den sogenannten Untugenden des Pferdes. Es gibt verschiedene Arten, und zwar Krippensetzen und Luftkoppen. Das Pferd spannt beim Koppen die Halsmuskulatur an und saugt mit einem rülpsenden Ton – dem Kopperton – Luft in die Luftröhre. Manche Pferde berühren mit den Vorderzähnen zum Beispiel den Rand der Krippe (Krippensetzen). Die Vorderzähne sind dann abgenutzt. Andere schnappen Luft, ohne aufzusetzen (Luftkoppen).

▸ Was bezeichnet man mit Kehlkopfpfeifen, und wie ist es zu erkennen?

◂ Kehlkopfpfeifen entsteht bei einer Lähmung der Stimmbänder. Das ist häufig eine Folge von Infektionskrankheiten. Die gelähmten Stimmbänder verursachen das Pfeifen oder »Röhren«.

▸ Wie äußert sich Dummkoller?

◂ Das Tier macht einen apathischen und stumpfen Eindruck, reagiert nicht auf Umwelteinflüsse und steckt zum Beispiel – wenn es saufen soll – lediglich den Kopf bis über die Nüstern ins Wasser.

▸ Erklären Sie die Periodische Augenentzündung und ihre Anzeichen.

◂ Mit Periodischer Augenentzündung oder Mondblindheit bezeichnet man eine Entzündung der inneren Teile des Auges, die ohne äußere Veranlassung auftritt. Die Hornhaut ist bleifarbig getrübt, die Pupille verengt, und ein graugelbes Sekret wird abgesondert. Starker Lichtreiz und Tränenfluß veranlassen das Pferd, das Auge möglichst nicht zu öffnen.

▸ Was ist Rotz, und woran erkennt man ihn?

◂ Rotz ist eine ansteckende, chronisch verlaufende Infektionskrankheit, die in Mitteleuropa seit langer Zeit nicht mehr aufgetreten ist.

▸ Wie kann man sich beim Pferdekauf vor Übervorteilungen und Überraschungen schützen?

◂ Man läßt das Pferd vom Tierarzt untersuchen und zieht einen unparteiischen Fachmann zu Rate.

Grundzüge der Reitlehre

Ausbildungsskala

▶ **Nennen Sie die einzelnen Punkte der Ausbildungsskala.**

◀ Takt, Losgelassenheit, Anlehnung, Schwung, Geraderichtung, Versammlung.

▶ **Was ist die Bedeutung der Ausbildungsskala?**

◀ Sie bezeichnet die Phasen der Ausbildung für Reitpferde, die gleichzeitig Kriterien und Wertmaßstab für die Grundeigenschaften des Pferdes sind. Die einzelnen Punkte der Ausbildungsskala lassen sich nicht scharf gegeneinander abgrenzen. Sie bedingen sich gegenseitig und gehen im Wechselspiel fließend ineinander über.

▶ **Nennen Sie ein Beispiel für fließende Übergänge zwischen den einzelnen Punkten der Ausbildungsskala.**

◀ Ein gewisser Grad an Schwung ist nötig, um ein Pferd zur Losgelassenheit zu bringen, und, um eine befriedigende Anlehnung zu erreichen, bedarf es zumindest in einem geringen Maße der Geraderichtung.

▶ **Was ist Takt?**

◀ Takt ist das natürliche Gleichmaß (zeitlich und räumlich) aller Schritte, Tritte und Sprünge. Zu Beginn der Ausbildung lernt das Pferd, sich im natürlichen Takt mit dem Reitergewicht so auszubalancieren, wie es sich ohne dieses Gewicht, etwa auf der Weide, bewegt.

▶ **Wie heißen die Grundgangarten des Pferdes?**

◀ Schritt, Trab und Galopp.

▶ **Wie läßt sich der Schritt beschreiben?**

◀ Der Schritt ist eine schreitende Bewegung im Viertakt ohne Schwung (Fehlen der Schwebephase). Das Vorder- und das jeweilige diagonale Hinterbein fußen nacheinander, also z.B.: vorne links, hinten rechts, vorne rechts, dann hinten links. Die Schritte sollen taktmäßig, raumgreifend und fleißig sein.

▶ **Wie kann man den Trab charakterisieren?**

◀ Der Trab ist eine schwunghafte Bewegung im Zweitakt. Die Fußfolge ist diagonal gleichzeitig mit einer jeweils anschließenden Schwebephase, also z. B.: hinten rechts und vorne links, Schwebephase, dann hinten links und vorne rechts, Schwebephase. Die Trabtritte sollen taktmäßig, schwungvoll und raumgreifend sein.

▶ **Wie kann man den Galopp beschreiben?**

◀ Der Galopp ist eine schwunghafte, springende Bewegung im Dreitakt mit einer Schwebephase vor bzw. nach jedem Sprung. Er wird entsprechend den weiter vorgreifenden Vorder- und Hinterbeinen in Rechts- und Linksgalopp unterschieden. So kennzeichnet z.B. den Linksgalopp die Fußfolge: Schwebephase, hinten rechts, hinten links und vorne rechts gleichzeitig, vorne links, Schwebephase. Die Galoppsprünge sollen taktmäßig, schwungvoll und raumgreifend sein. Man wünscht sie sich rund und bergauf gesprungen.

▶ **Wie beschreiben Sie das Rückwärtsrichten?**

◀ Das Rückwärtsrichten ist eine Bewegung im Zweitakt ohne Schwebephase, also z.B.: vorne rechts und hinten links, dann vorne links und hinten rechts. Die Tritte sollen taktmäßig und geschmeidig sein.

▶ **Welche zusätzlichen Gangarten gibt es, und wie kann man sie beschreiben?**

◀ Außer den drei Grundgangarten gibt es die sogenannten Gebrauchsgangarten Paß und Tölt, die für einige Freizeitpferde, z.B. den Isländer, charakteristisch sind.
Beim Paß hebt das gleichseitige Beinpaar gleichzeitig ab und setzt ebenso wieder auf. Der Paß ist für lange Strecken und das Tragen von Lasten geeignet und strengt den Reiter nur wenig an.
Der Tölt ist eine schnelle Fußfolge im Viertakt, die den Reiter bequem aussitzen läßt, weil mit der Schwebephase auch die Wurfbewegung des Trabes entfällt.

▶ **Was ist Losgelassenheit?**

◀ Losgelassenheit ist die Grundlage für jede weitere Anforderung, gleichgültig, welche speziellen Ziele sich der Reiter gesetzt hat. Losgelassenheit nennen wir den Zustand, in dem die Muskeln ohne Verkrampfung arbeiten: Der Kreislauf ist angeregt, die Durchblutung verstärkt (Erwärmung), das Pferd ist angstfrei und zufrieden (Vgl. hierzu P. u. W. Hölzel, Profitips für Reiter, Stuttgart).

▸ Wie erreichen wir Losgelassenheit?

◂ Losgelassenheit erreichen wir durch Lösen, also die Erwärmung und Lockerung der gesamten Muskulatur. Kein vernünftiger menschlicher Athlet würde aus dem Kaltstart heraus irgendwelche besonderen Leistungen versuchen! Gleiches gilt auch für das Pferd.

▸ Welche lösenden Übungen gibt es?

Zu den lösenden Übungen gehören :

◂ das anfängliche Schrittreiten

◂ Leichttraben im Arbeitstrab

◂ Reiten auf großen gebogenen Linien (Zirkel, einfache Schlangenlinie)

◂ häufige Übergänge vom Arbeitstrab zum Arbeitsgalopp und umgekehrt

◂ Lösen im frischen Arbeitsgalopp,

◂ Zulegen im Trab und Galopp

◂ Vorhandwendungen (für junge Pferde oder Korrekturpferde)

◂ Schenkelweichen: Pferdekopf zur Bande, zur Mitte hin, Viereck-Verkleinern und -Vergrößern, an der offenen Zirkelseite übertreten lassen

◂ Cavalettiarbeit

◂ kleinere Sprünge (Springgymnastik)

◂ Reiten im Gelände, vor allem auf unebenem Boden,

◂ Schlangenlinien zwischen Bäumen

◂ ein frischer Trab oder Galopp auf Waldwegen oder über freies Feld

◂ Longieren

◂ Freilaufenlassen

▸ An welchen Anzeichen erkennt man Losgelassenheit?

◂ Schwingender Pferderücken

◂ Dehnungshaltung (das Pferd folgt der Reiterhand nach vorwärts-abwärts – tiefster Punkt: Maulspalte in Höhe des Buggelenkes)

◂ taktmäßiges Gehen (ohne zu eilen)

◂ normales Durchatmen oder Abprusten

◂ Maultätigkeit bei geschlossenem Maul (Kauen, leichte Schaumbildung)

◂ frei getragener, pendelnder Schweif (als Fortsetzung des schwingenden Rückens)

◂ zufriedener Gesichtsausdruck

ABB. 55 Dehnungshaltung als Zeichen der Losgelassenheit

▸ **Wie kontrolliert man Losgelassenheit?**

◂ Beim Zügel-aus-der-Hand-kauen-Lassen (bis zum langen Zügel) muß sich der Hals bei weicher Verbindung zur Reiterhand nach vorwärts-abwärts dehnen.

▸ **Wie lange dauert das Lösen?**

◂ Die Dauer des Lösens kann sehr verschieden sein: – beim jungen Pferd als Ziel der ersten Ausbildungsphase ca. 3–5 Monate (vom ersten Anreiten an); beim Korrekturpferd bis zu mehreren Wochen; beim älteren, gut gerittenen Pferd 15–20 Minuten (einschließlich Schritt).

▸ **In welchen Situationen muß für das Lösen eine längere Zeit eingeplant werden?**

◂ Das Lösen dauert entsprechend länger: bei großer Kälte (anfängliches Abreiten mit Decke empfehlenswert), – nach einem Tag oder längerer Zeit ohne Bewegung (z.B. wegen einer Krankheit), – bei Muskelkater vom Vortag her oder bei nervlicher Überlastung.

▸ **Was ist Anlehnung?**

◂ Das losgelassene Pferd wird aus der Dehnung heraus durch Paraden gleichmäßig an beide Zügel geritten. Das Ergebnis der richtigen Gymnastik ist die Anlehnung, d. h. das mit leichter Verbindung zu den Reiterhänden am Zügel gehende Pferd.

ABB. 56 Schwungvoll gehendes Pferd

▸ Was ist Schwung?

◂ Schwung ist das energische Abfußen der Hinterbeine. Dieses Abfußen setzt sich über den schwingenden Rücken fort, in feiner Dosierung in der Reiterhand fühlbar, und fließt von dort wieder zurück zu den Hinterbeinen. Bei Schwungentwicklung im Trab und Galopp behält das Pferd den Takt bei, wird also in den Tritten oder Sprüngen nicht eiliger. Durch den schwingenden Rücken kommt der Reiter gut zum Sitzen, wird vom Pferd in die Bewegung mitgenommen.

▸ Was versteht man unter natürlicher Schiefe des Pferdes?

◂ Pferde haben eine natürliche Schiefe, die in den meisten Fällen von vorne nach hinten rechts (Rechtsschiefe) verläuft. Linksschiefe Pferde sind seltener. Diese Schiefe entspricht unserer Links- bzw. Rechtshändigkeit. Schub- und Tragkraft sind beim schiefen Pferd nicht auf den Schwerpunkt gerichtet, so daß beim Reiten ein erhöhter Verschleiß vor allem der Vorderbeine entsteht und die Rittigkeit vermindert wird.

▸ Wann ist ein Pferd gerade gerichtet?

◂ Gerade gerichtet ist ein Pferd, wenn seine Längsachse auf geraden und gebogenen Linien der Hufschlaglinie entspricht. Die Hinterbeine treten also beim Entwickeln der Schub- und Tragkraft zum Schwerpunkt.

▸ Gibt es einen bestimmten Zeitraum, nach dem die geraderichtende Arbeit abgeschlossen ist?

◂ Nein, in immer feiner werdender Form begleitet die geraderichtende Gymnastik die gesamte Arbeit mit dem Pferd, indem wir es auf beiden Seiten gleichmäßig geschmeidig machen, also die innere Seite hohl machen und die äußere dehnen. Dies wird durch Biegearbeit auf großen gebogenen Linien erreicht.

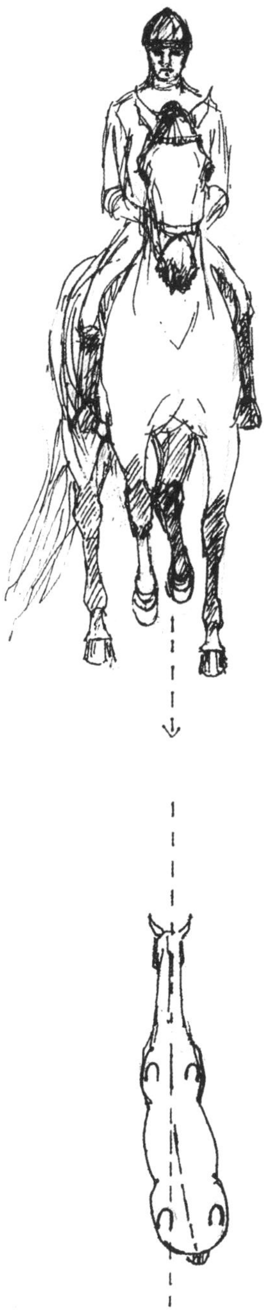

ABB. 57 Rechtsschiefes Pferd

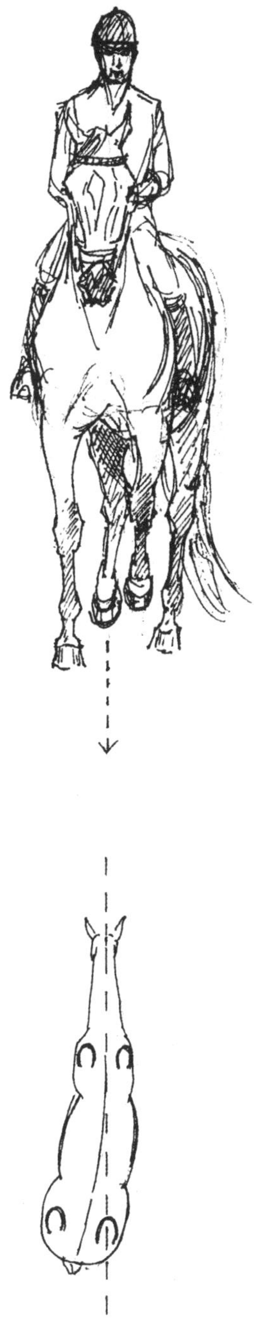

ABB. 58 Linksschiefes Pferd

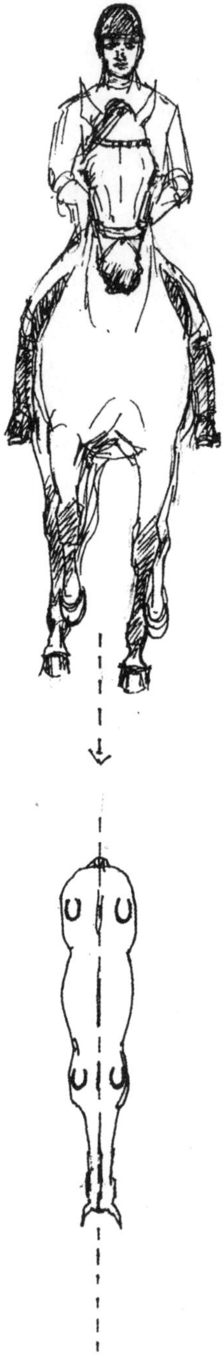

ABB. 59 Geradegerichtetes Pferd

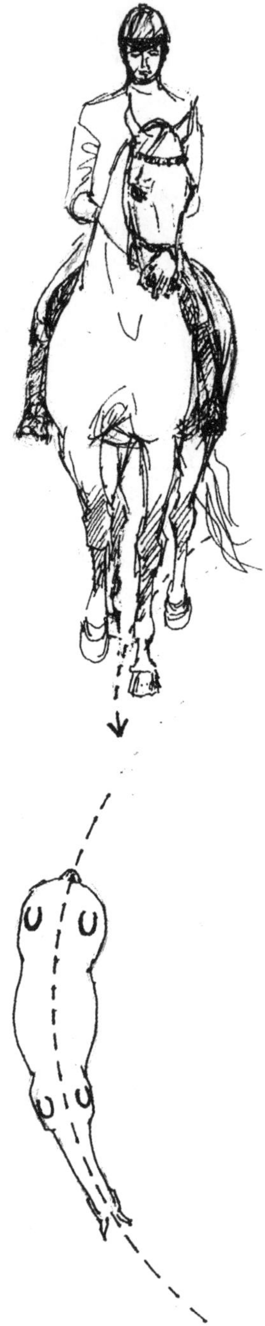

ABB. 60 Gebogenes Pferd

▸ **Welche großen gebogenen Linien kennen Sie?**

◂ Zirkel, einfache Schlangenlinien, die große Acht (ständiges Aus-dem-Zirkel-wechseln).

▸ **Nennen Sie einige schwerere Übungen zur Verfeinerung der Geraderichtung.**

◂ Verfeinert und vervollkommnet wird die geraderichtende Gymnastik durch schwerere Übungen wie Volten, Schultervor, Schulterherein, Travers und Traversalen.

▸ **Welcher Zusammenhang besteht zwischen Geraderichtung und Paraden bzw. Versammlung?**

◂ Nur beim geradegerichteten Pferd können Paraden durchlässig auf die Hinterbeine einwirken, was Voraussetzung und Grundlage für das Erreichen der Versammlung ist.

▸ **Was ist Versammlung?**

◂ Versammlung ist ein Zustand, bei dem der Schwerpunkt von Reiter und Pferd weiter zurück verlagert ist. Die Schritte, Tritte und Sprünge werden kürzer, ausdrucksvoller, erhabener. Durch die sogenannte Hankenbeugung (aktive Beugung von Hüft- und Kniegelenk) wird das Pferd hinten tiefer, es entsteht das Bild eines bergauf gehenden Pferdes.

ABB. 61 Versammeltes Pferd

ABB. 62 Relative Aufrichtung

ABB. 62a Absolute Aufrichtung

Weshalb ist Versammlung wichtig?

Durch die Lage des Sattels, zu dessen Gewicht das des Reiters hinzukommt, wird beim Reiten die Vorhand des Pferdes stärker belastet als die Hinterhand. Dies würde mit der Zeit dazu führen, daß die Vorderbeine eher verschleißen, Schäden erleiden, und die Rittigkeit nachteilig beeinflußt wird. Durch Versammlung erreichen wir, daß die Hinterbeine vermehrt am Tragen des Gesamtgewichtes beteiligt werden.

Welches Prinzip ist beim Versammeln wichtig?

Abwechslung in der Beanspruchung von Schub- und Tragkraft.

Was ist der Unterschied zwischen relativer und absoluter Aufrichtung?

Wenn das Pferd in Relation zur Senkung der Kruppe (Hankenbeugung) vorne aufgerichtet wird, sprechen wir von relativer Aufrichtung – im Gegensatz zur sogenannten absoluten Aufrichtung, die vorwiegend mit den Händen erzeugt wird, so daß das richtige Verhältnis zur Senkung der Kruppe nicht gegeben ist.

Welche leichten versammelnden Übungen bis zur Kl. A kennen Sie?

- Übergänge zwischen Arbeitstrab und Mittelschritt
- Tempowechsel vom Mittel- zum Arbeitstrab
- Halten aus dem Arbeitstrab
- Rückwärtsrichten
- Tempowechsel vom Mittel- zum Arbeitsgalopp
- Übergänge zwischen Arbeitsgalopp und Mittelschritt
- Angaloppieren aus dem Schritt
- Einfacher Galoppwechsel

Welche schwereren versammelnden Übungen bis zur Kl. L gibt es?

- Hinterhandwendung
- Kurzkehrtwendungen aus dem Schritt und versammelten Trab
- Tempowechsel vom Mittel- zum versammelten Trab
- der versammelte Trab
- Tempowechsel vom Mittel- zum versammelten Galopp
- der versammelte Galopp
- der Außengalopp
- Volten und Kehrtwendungen mit 8 m Durchmesser
- Halten aus dem versammelten Galopp
- Rückwärtsrichten und daraus im versammelten Tempo antraben

▶ **Nennen Sie Seitengänge aus dem Bereich der Kl. M.**

◀ Schulterherein, Travers, Renvers, Traversalen.

▶ **Was ist Durchlässigkeit?**

◀ Durchlässig ist das Pferd dann, wenn es im Gleichgewicht, am Zügel – also rund – geht, auf fein abgestimmte Hilfen reagiert und die Paraden über Maul, Genick, Hals und Rücken bis zu den Hinterbeinen durchläßt.

▶ **Wie ist der Begriff Durchlässigkeit in die Ausbildungsskala einzuordnen?**

◀ Die Durchlässigkeit des Pferdes ist das Ergebnis der gesamten Ausbildung. Sie steigert sich allmählich und führt bei steigender Versammlung zu einer stetigen Verbesserung von Rittigkeit und Gehorsam.

Hilfen und ihre Anwendung

▶ **Was sind Hilfen?**

◀ Die Hilfen sind die Sprache des Reiters, in der er zu seinem Pferd spricht und mit der er ihm klarmacht, was er von ihm will. Der Reiter wirkt auf sein Pferd ein mit Hilfe von Gewicht, Schenkeln und Händen.

▶ **Welche verschiedenen Arten von Gewichtshilfen gibt es?**

◀ Die beiderseits belastende Gewichtshilfe (Kreuzanspannen bei gleichmäßiger Belastung beider Gesäßknochen), die einseitig belastende und die entlastende Gewichtshilfe.

▶ **Bei welchen Lektionen wirkt man mit der beiderseits belastenden Gewichtshilfe ein?**

◀ Beim Anreiten zum Schritt und beim Antraben, bei ganzen und halben Paraden, zum Verstärken des Tempos im Schritt und Trab.

▶ **Geben Sie Beispiele für die Anwendung der einseitig belastenden Gewichtshilfe.**

◀ Vor- und Hinterhandwendungen, Abwenden, Reiten auf gebogenen Linien, Galoppieren und Schenkelweichen.

▶ **Wann braucht man die entlastende Gewichtshilfe?**

◀ Im leichten Sitz (Springen, Gelände), zum Rückwärtsrichten und bei jungen oder rückenempfindlichen Pferden.

▸ **Welche treibenden Hilfen sind für die angegebenen Beispiele außerdem notwendig?**

◂ Die Schenkelhilfen.

▸ **Welche verschiedenen Arten von Schenkelhilfen gibt es, und wie werden sie ausgeführt?**

◂ Es gibt vorwärtstreibende, seitwärtstreibende und verwahrende Schenkelhilfen. Bei den vorwärtstreibenden liegen die Beine des Reiters so, daß sich Hüfte und Absatz genau senkrecht unter seiner Schulter befinden (Normalhaltung). Der seitwärtstreibende Schenkel liegt knapp hinter dem Sattelgurt, der verwahrende eine Handbreit dahinter.

▸ **Nennen Sie einige Lektionen, bei denen sowohl der seitwärtstreibende als auch der verwahrende Schenkel einwirkt.**

◂ Schenkelweichen, Vorhandwendung, Zirkel vergrößern.

▸ **Wie können die Zügelhilfen grob unterteilt werden?**

◂ Man unterscheidet nachgebende, verwahrende, durchhaltende und annehmende Zügelhilfen.

▸ **Darf eine Zügelhilfe allein, d. h. ohne die Mitwirkung anderer Hilfen, gegeben werden?**

◂ Nein! Zügelhilfen dürfen nur im Zusammenspiel mit treibenden Hilfen einwirken.

▸ **Wie lange darf eine annehmende Zügelhilfe dauern?**

◂ So kurz wie möglich; sie muß in ständigem Wechsel mit den nachgebenden Zügelhilfen erfolgen.

▸ **Was ist der Unterschied zwischen langem und hingegebenem Zügel?**

◂ Beim hingegebenen Zügel hat der Reiter nur noch das Ende der Zügel in der Hand; beide Zügel hängen gleichmäßig durch. Beim langen Zügel stehen die Zügel gleichmäßig leicht an, ohne daß dabei vom Pferd eine Beizäumung verlangt wird.

▸ **Was ist eine halbe Parade?**

◂ Ein Vortreiben mit Gewicht und Schenkeln bei verwahrender, durchhaltender oder annehmender Zügelhilfe.

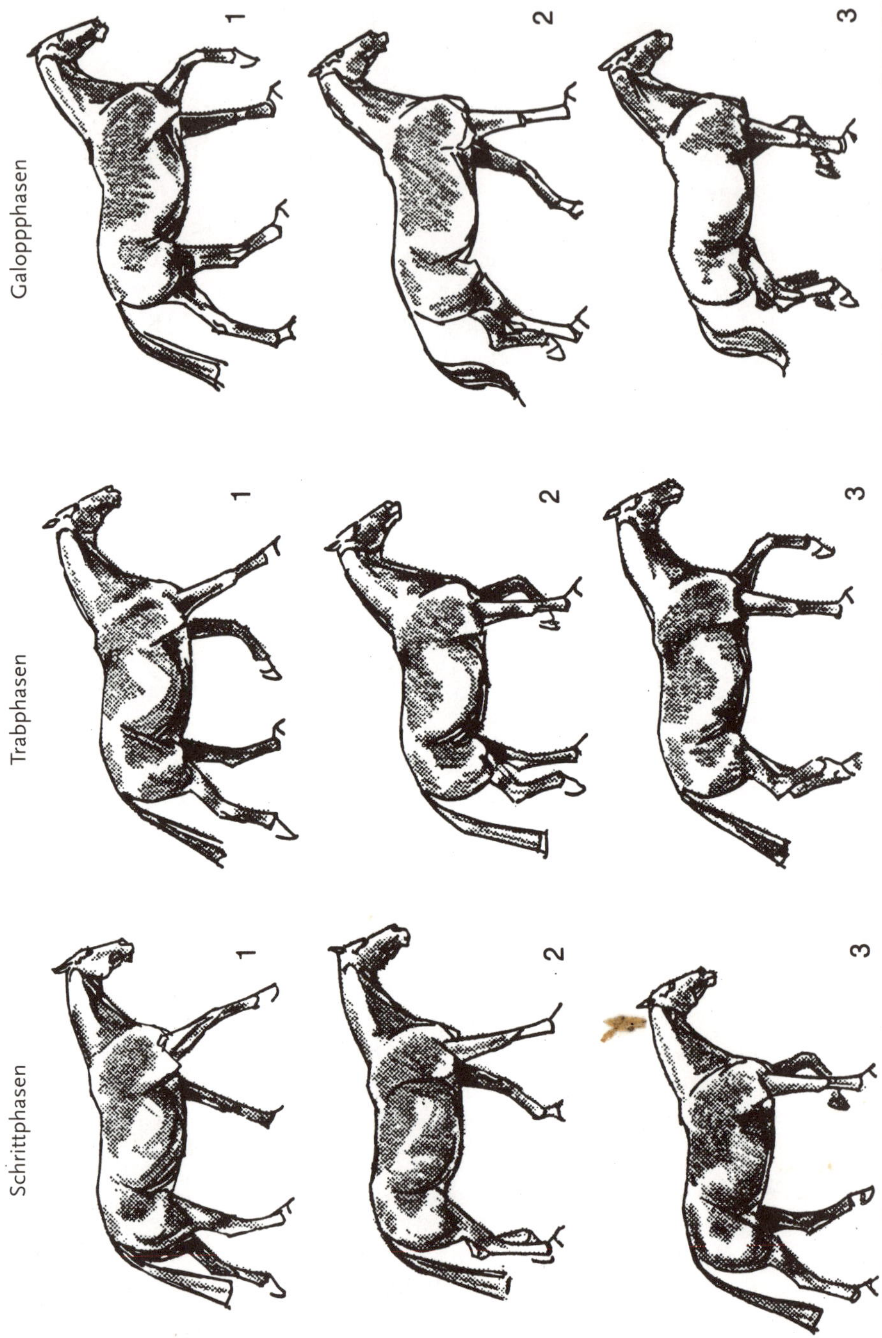

ABB. 63 Gangarten und Fußfolge

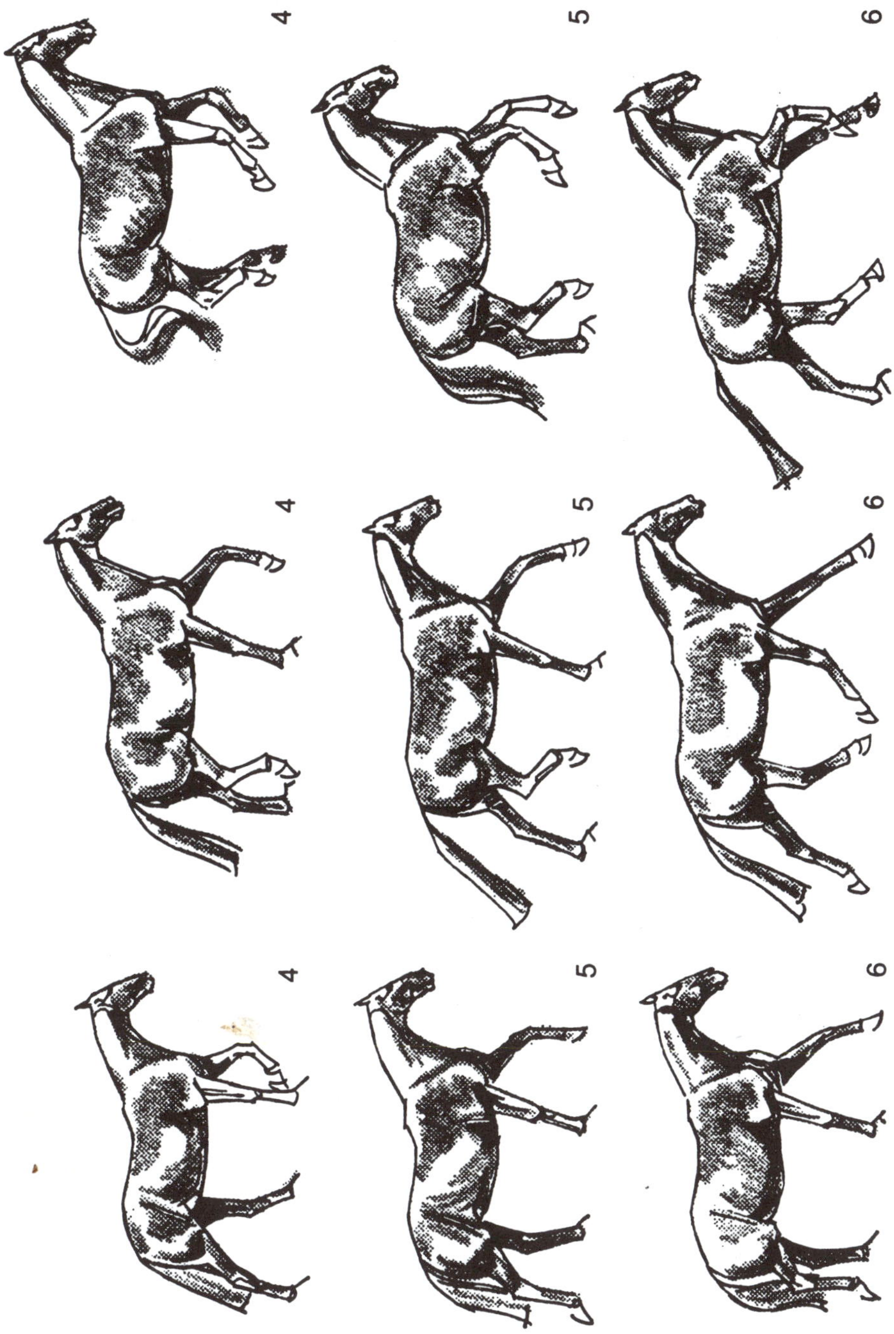
4
5
6
4
5
6
4
5
6

▸ Wann werden halbe Paraden gegeben?

◂ Beim Wechseln der Gangart, zur Verringerung des Tempos, um Takt und Versammlung zu erhalten oder zu verbessern, um das Pferd zum Nachgeben im Genick zu bringen und um eine neue Aufgabe einzuleiten.

▸ Was ist der Unterschied zwischen einer halben und einer ganzen Parade?

◂ Die ganze Parade ist immer eine Parade zum Halten, die aus jeder beliebigen Gangart erfolgen kann. Sie wird immer durch halbe Paraden eingeleitet. Das Durchhalten oder Annehmen wird mit beiden Händen durchgeführt. Bei der halben Parade sind je nach der Lektion entweder beide Hände oder nur eine Hand aktiv. In der Stärke der Hilfen besteht zwischen ganzer und halber Parade kein grundsätzlicher Unterschied; sie richtet sich nach Gehorsam und Ausbildungsstand des einzelnen Pferdes.

▸ Weshalb werden die halben Paraden einmal nur mit einer Hand (meist der äußeren) und dann wieder mit beiden Händen gegeben?

◂ Genau wie der Schenkeldruck wirkt auch der Zügelanzug auf den gleichseitigen Hinterfuß ein. Will man nun den äußeren Hinterfuß mehr zum Tragen des Gewichts anregen, so gibt man mit dem äußeren Zügel eine halbe Parade. Das ist zum Beispiel für das

ABB. 64 Schließen und Öffnen der Faust

Angaloppieren und für das Reiten auf gebogenen Linien wichtig. Dagegen sollen beim Durchparieren zum Halten beide Hinterbeine das Gewicht gleichmäßig aufnehmen – also erfolgt auch die Zügelhilfe mit beiden Händen.

▸ **Wie werden die Zügel angenommen?**

◂ Durch feines Öffnen und Schließen der Faust (vergleichbar dem Ausdrücken eines Schwamms) oder durch Eindrehen der Faust aus dem Handgelenk bis hin zum Annehmen der Zügel aus dem Ellenbogen heraus, wobei aber die Hand stets in gerader Linie zwischen Ellenbogen und Pferdemaul bleiben muß.

▸ **Was ist bei den Paraden besonders zu beachten, wenn mit Kandarenzäumung geritten wird?**

◂ Es ist wichtig, immer wieder alle Zügel passend zu machen, damit auf keinen Fall die Kandare vorherrscht!

▸ **Warum herrscht bei gleichem Nachfassen von Trensen- und Kandarenzügeln die Kandare vor?**

◂ Dadurch, daß der Hebel der Kandare stärker wirkt als das Trensengebiß.

ABB. 65 Eindrehen der Faust aus dem Handgelenk

▸ Wie kann einem Vorherrschen der Kandare am besten vorgebeugt werden?

◂ Indem das Verkürzen und Verlängern der einzelnen Trensen- und Kandarenzügel so häufig und intensiv geübt wird, bis es, ohne hinzusehen, gelingt.

▸ Wie soll die richtige Verbindung zum Pferdemaul sein?

◂ Der Kontakt zum Pferdemaul ist über die Kandarenzügel wesentlich feiner als über die Trensenzügel. Wenn die Kandarenzügel einen leichten Bogen beschreiben, ist dies weit besser, als wenn sie vorherrschen!

▸ Was heißt »innen« und »außen«?

◂ Innen ist immer die Seite, nach der das Pferd gestellt ist. (Stellung: Bei aufrechter Haltung muß der Reiter das innere Auge und den inneren Nüsternrand seines Pferdes »schimmern« sehen). Also ist zum Beispiel beim Außengalopp die zur Bande gerichtete Seite des Pferdes innen!

ABB. 66 Am-Zügel-Gehen

► **Was bedeutet der Ausdruck: »Das Pferd geht am Zügel«?**

◄ Bei frisch untertretenden Hinterbeinen wird die Hinterhand des Pferdes – je nach Versammlungsgrad – etwas tiefer, der losgelassene, schwingende Rücken läßt die Beweßung »durch«, so daß das Pferd auch im Genick so weit nachgibt, daß die Stirnlinie beinahe senkrecht steht. Das Pferd läßt den Reiter angenehmer sitzen und gibt der Zügelfaust eine gleichmäßig federnde Verbindung. Zufriedenes Kauen des Pferdes ist ein Beweis für gutes »Am-Zügel-Gehen«.

► **Wie reitet man ein Pferd »an den Zügel«?**

◄ Der Reiter reitet sein Pferd mit treibenden Kreuz- und Schenkelhilfen an die mehr oder weniger angespannten Zügel heran. Die Verbindung wird sofort feiner (nachgeben!), wenn die Hinterbeine fleißig herantreten und das Pferd im Genick nachgibt.

► **Welches sind die Hilfen zum Angaloppieren?**

◄ Das Pferd wird nach innen gestellt, die äußere Hand des Reiters gibt eine halbe Parade, der innere (am Gurt liegende) Schenkel treibt, der äußere (eine Handbreit zurückliegende) Schenkel hält etwas gegen, die innere Gesäßhälfte wird leicht vorgeschoben, die innere Hand gibt nach, damit das innere Hinterbein vorspringen kann. Diese Hilfen wiederholen sich mehr oder weniger stark bei jedem einzelnen Galoppsprung.

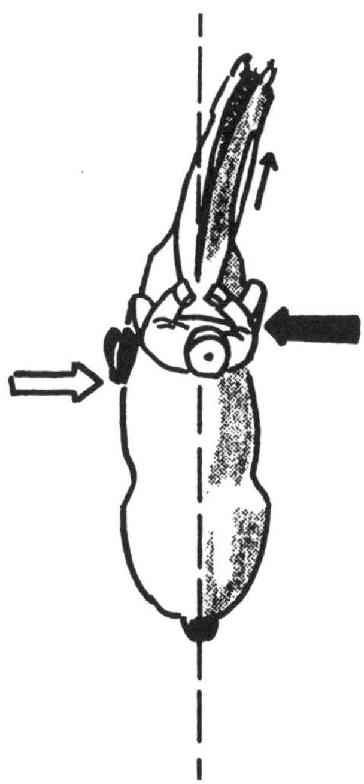

ABB. 67 Angaloppieren

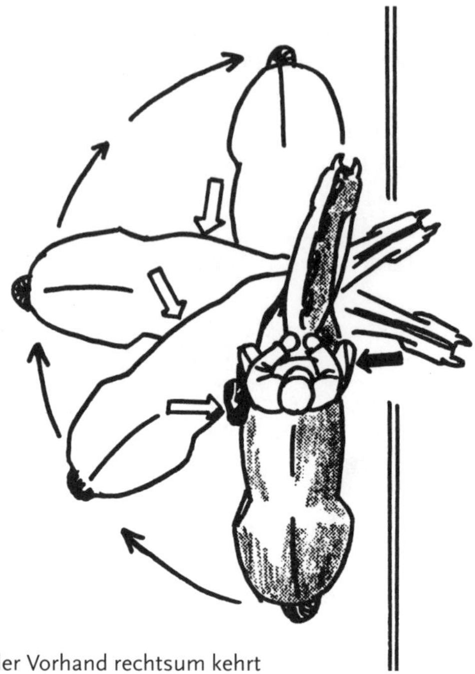

ABB. 68 Wendung auf der Vorhand rechtsum kehrt

▸ **Wie wirkt der Reiter zur Vorhandwendung ein?**

◂ Der innere, am Gurt liegende Schenkel treibt seitwärts, dazu ist die innere Gesäßhälfte etwas mehr belastet; nach jedem Doppeltritt der Hinterbeine fängt dann der äußere, eine Handbreit zurückliegende Schenkel und der äußere Zügel die Seitwärtsbewegung auf, dabei sorgt der innere Zügel dafür, daß die Stellung erhalten bleibt. Nach einer kleinen Pause wiederholen sich diese Hilfen des Reiters, bis die Vorhandwendung beendet ist.

▸ **Wie verhindert man, daß das Pferd bei der Vorhandwendung nach vorne wegläuft?**

◂ Durch halbe Paraden am äußeren Zügel.

▸ **Gilt das Vor- oder das Zurücktreten bei der Vorhandwendung als größerer Fehler?**

◂ Das Vortreten.

▸ **Kommt der äußere (verwahrende!) Schenkel bei der Vorhandwendung ebenfalls zum Einwirken?**

◂ Ja, damit nach jedem zweiten Tritt eine kleine Pause entsteht.

Welche Hilfen gibt man zum Rückwärtsrichten?

Man beginnt wie zum Anreiten oder Antraben: Kreuz und Schenkel drücken das Pferd vor. In dem Augenblick, in dem das Pferd antreten will, fangen jedoch die Zügel die Bewegung auf. Wenn das Pferd zurücktritt, ist es wichtig, daß Gewicht, Schenkel und Hände sofort leichter werden. Nach dem ersten Tritt rückwärts werden die Zügel wieder angenommen. Das wird so oft wiederholt, bis die gewünschte Anzahl von Tritten ausgeführt ist.

Nach welcher Seite ist das Pferd bei der Hinterhandwendung gestellt?

Nach der Seite, nach der die Wendung ausgeführt wird.

Welche Hilfen gibt der Reiter, um die Vorhand trittweise um die Hinterhand treten zu lassen?

Er treibt mit dem äußeren Schenkel, der eine Handbreit zurückliegt, setzt sich vermehrt nach innen herunter und führt mit der inneren Hand seitwärts.

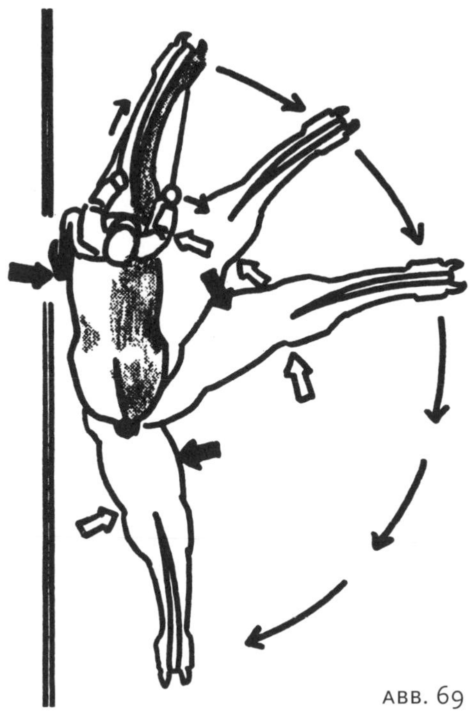

ABB. 69 Wendung um die Hinterhand

► **Welche Aufgaben hat der innere Schenkel?**

◄ Der innere Schenkel (in Verbindung mit der Gewichtshilfe) sorgt dafür, daß der innere Hinterfuß sich nicht auf der Stelle dreht oder die Vorhand herumgeworfen wird.

► **Wie verhält sich die äußere Hand?**

◄ Sie gibt etwas nach, um dem äußeren Hinterfuß Gelegenheit zum Vortreten zu geben. Sie verhindert jedoch gleichzeitig ein Weglaufen nach vorne oder ein Krummwerden des Halses nach innen.

► **Ist auch bei der Hinterhandwendung das Vortreten der größere Fehler?**

◄ Nein, das Zurücktreten.

► **Welche Gangmaße oder Tempi werden in der L-Dressur verlangt?**

◄ Der Mittelschritt, der Arbeitstrab, der versammelte Trab und der Mitteltrab. Im Galopp werden Arbeitsgalopp, versammelter Galopp und Mittelgalopp verlangt.

► **Welche weiteren Gangmaße gibt es ab Klasse M?**

◄ Den starken und versammelten Schritt, den starken Trab und den starken Galopp.

► **Beschreiben Sie den versammelten Schritt.**

◄ Die Spur (Hufabdrücke) der Hinterhufe deckt höchstens die Spur der gleichseitigen Vorderhufe. Erhabener als im Mittelschritt schreitet das Pferd in entsprechender Aufrichtung. Der Fleiß bleibt wie im Mittelschritt erhalten.

► **Was sind die wesentlichen Merkmale des versammelten Trabs?**

◄ Im Vergleich zum Arbeitstrab ist der Schwerpunkt von Reiter und Pferd weiter zurückverlagert, durch die Hankenbeugung (Hüft- und Kniegelenk) wird das Pferd hinten tiefer und in Relation hierzu vorne aufgerichtet. Die Tritte werden kürzer und erhabener.

► **Was sind die häufigsten Fehler beim Außengalopp?**

◄ Zuviel Stellung oder sogar seitliche Halsbiegung, wobei z.B. im Außengalopp rechts das Vorspringen des rechten Hinterfußes blockiert wird. Im Außengalopp hat das Pferd nicht mehr Stellung als im Handgalopp. Ein weiterer verbreiteter Fehler ist das Schiefgehen zur Bande hin, wobei das Pferd nicht mehr zum Schwerpunkt springt und dadurch auf die Vorhand kommt.

Springen

▸ **Wird in einem Stilspringen die Grußaufstellung bewertet?**

◂ Ja.

▸ **In welchen Abständen sind Cavaletti aufzustellen?**

◂ a) Für die Arbeit im Schritt:
80–90 cm.
b) Für die Arbeit im Trab:
1,20–1,30 m.
c) Für die Arbeit im Galopp:
3 m.

▸ **Warum werden bei der Spring- und Geländeausbildung von jungen Pferden die Hindernisse im Trab angeritten?**

◂ Um dem Pferd das Taxieren zu erleichtern. Dem jungen Pferd fällt es weniger schwer, die Trabtritte passend zu machen als den Galoppsprung.

▸ **Wie groß ist der Abstand zwischen zwei Hindernissen bei einem Galoppsprung?**

◂ 7,50 m.

▸ **Wie groß ist der Abstand zwischen zwei Hindernissen bei zwei Galoppzwischensprüngen?**

◂ 10–11 m.

▸ **Was ist eine Distanz im Springreiten?**

◂ Der Weg zwischen zwei Hindernissen, für den das Pferd jeweils 3, 4, 5 oder 6 Galoppsprünge benötigt.

▸ **Welche Abstände sind für diese Distanzen maßgeblich?**

◂ Bei 3 Galoppsprüngen ca. 14–15 m,
bei 4 Galoppsprüngen ca. 17,50–18,50 m,
bei 5 Galoppsprüngen ca. 21–22 m,
bei 6 Galoppsprüngen ca. 24,50–25,50 m.

Hufschlagfiguren

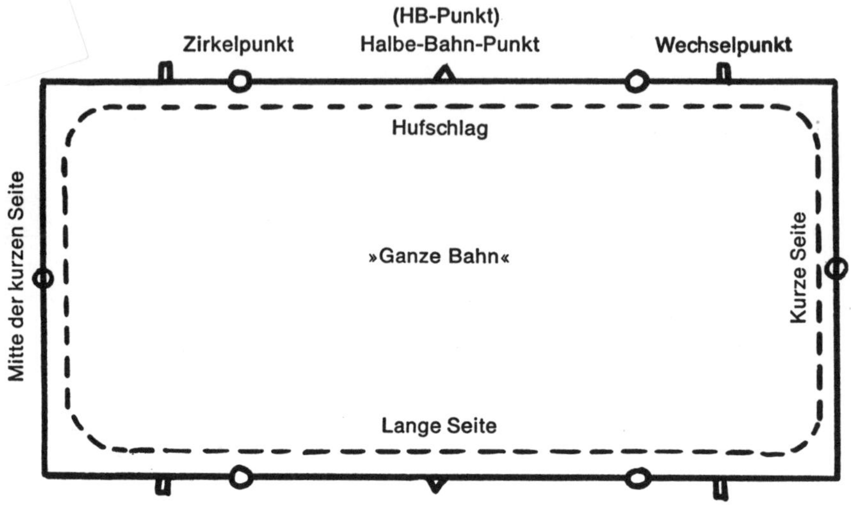

ABB. 70

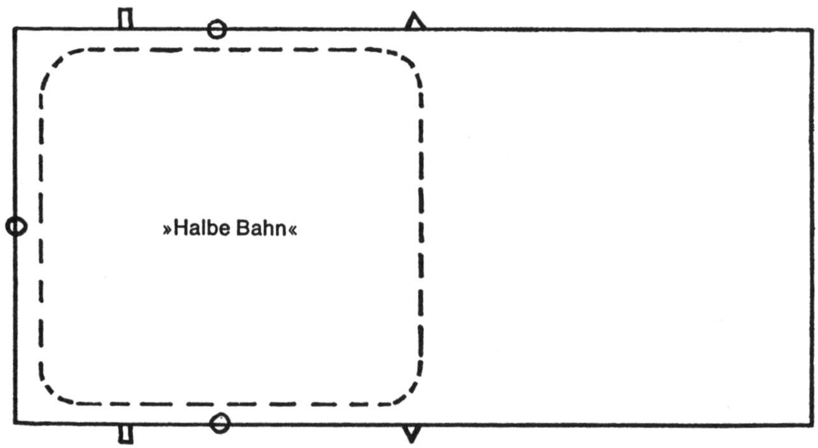

ABB. 71

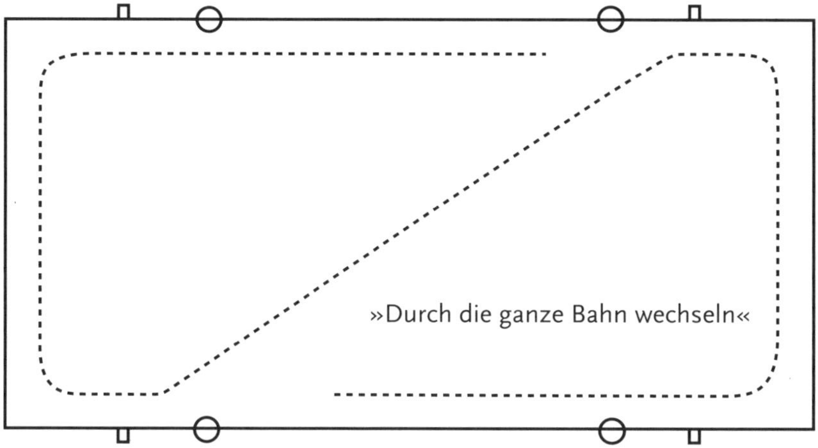
»Durch die ganze Bahn wechseln«

ABB. 72

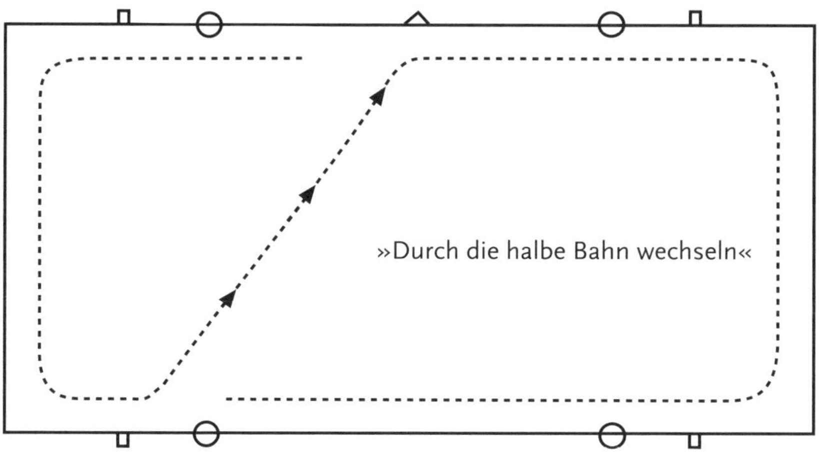
»Durch die halbe Bahn wechseln«

ABB. 73

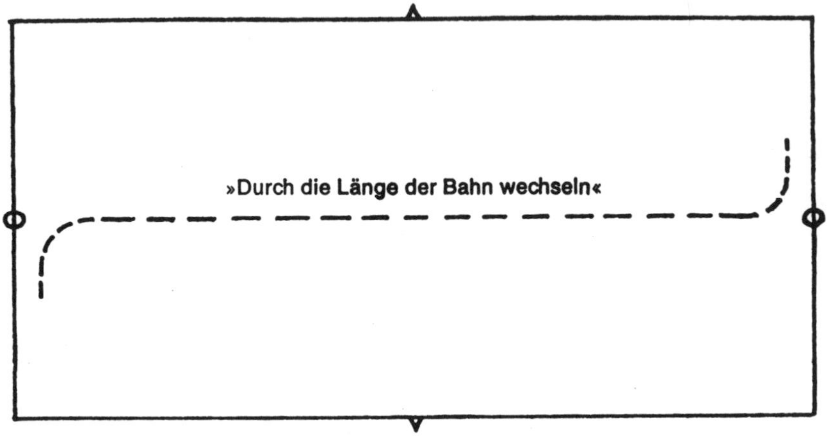
»Durch die Länge der Bahn wechseln«

ABB. 74

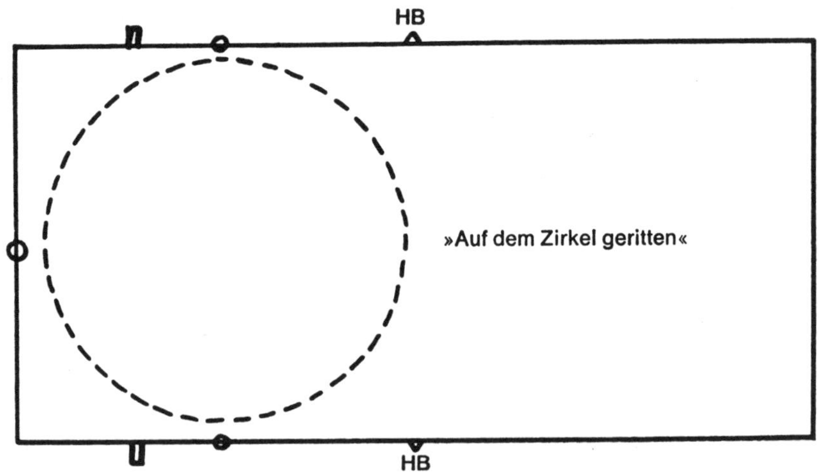
HB
»Auf dem Zirkel geritten«
HB

ABB. 75

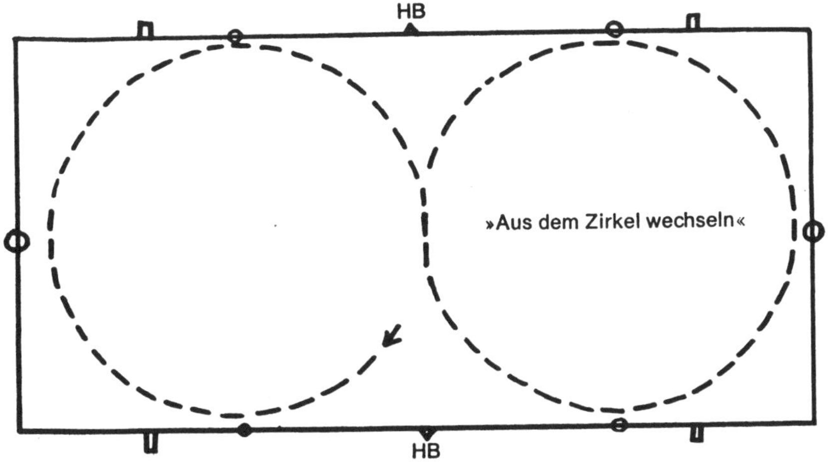

ABB. 76

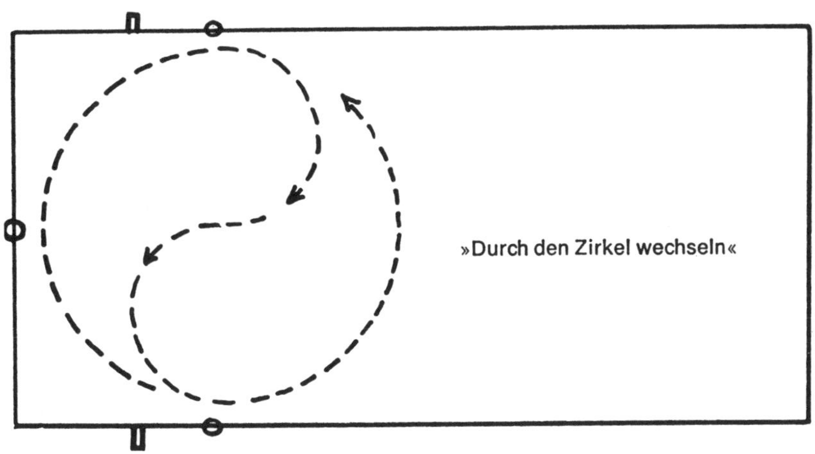

ABB. 77

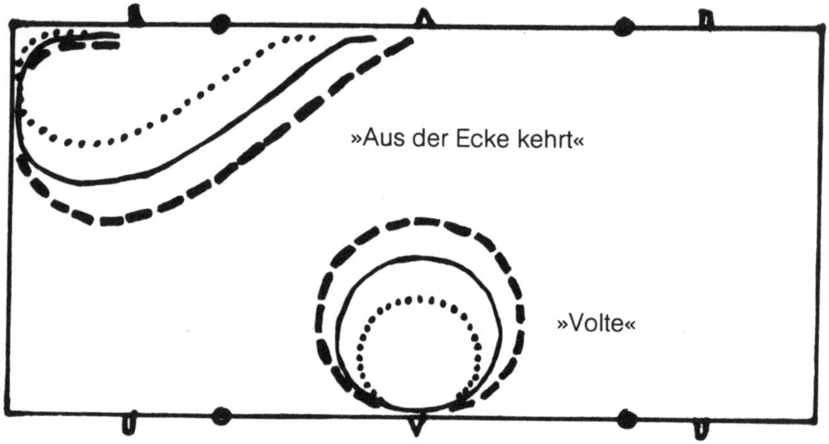

ABB. 78

— — — Volte, Kehrtvolte und Kehrtwendung mit 10 m Durchmesser

——— Volte, Kehrtvolte und Kehrtwendung mit 8 m Durchmesser

· · · · · · Volte, Kehrtvolte und Kehrtwendung mit 6 m Durchmesser

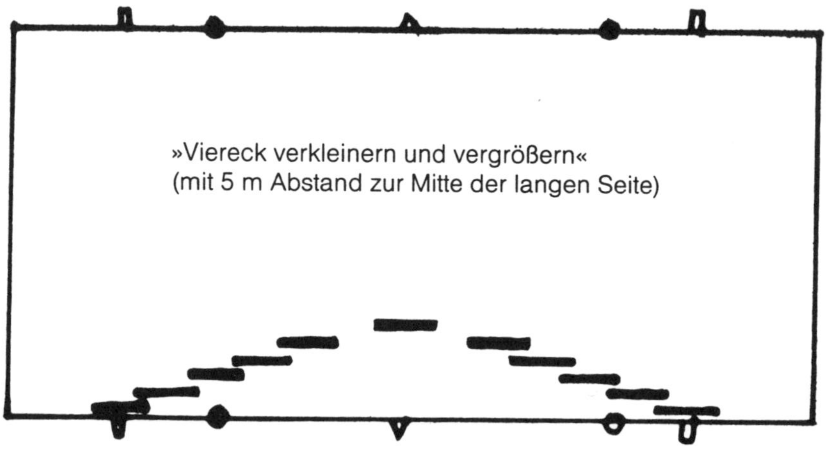

ABB. 79

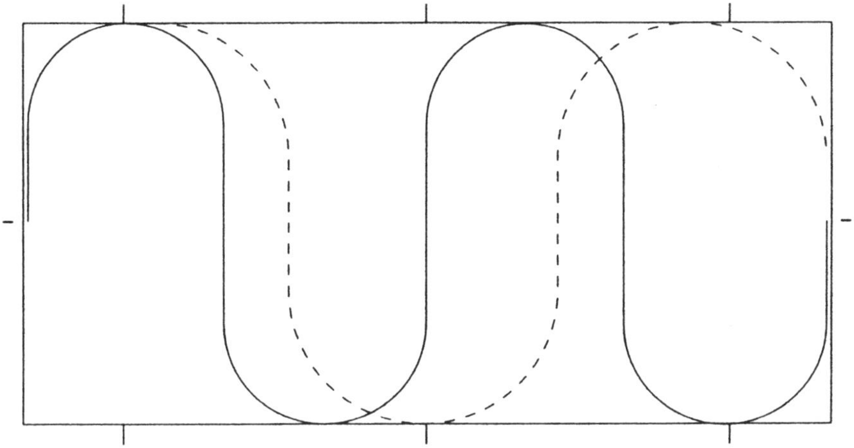

ABB. 80

Hufschlagfiguren:

——————— Schlangenlinien durch die Bahn, 4 Bogen.

-------------------- Schlangenlinien durch die Bahn, 3 Bogen.

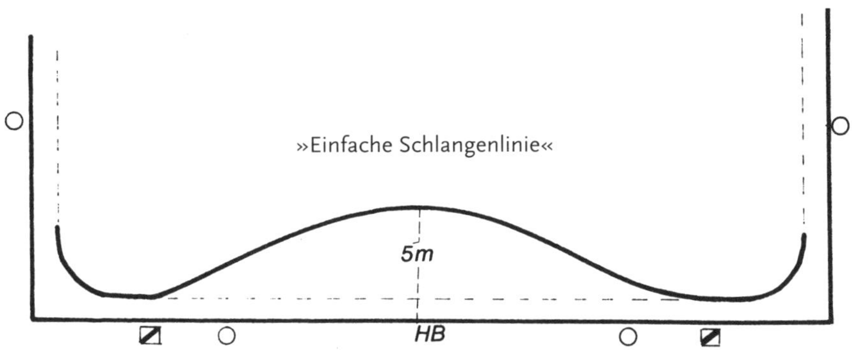

ABB. 81

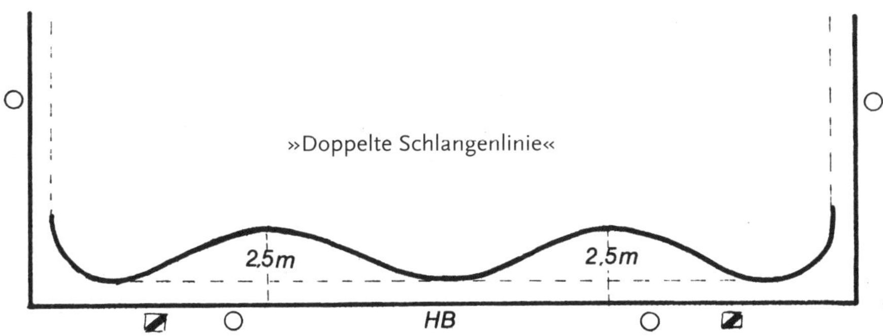

ABB. 82

Leistungsprüfungswesen und Tierschutzgesetz

Leistungsprüfungswesen

▸ **Welche Bestimmungen sind für Pferdeleistungsprüfungen in Deutschland maßgebend?**

◂ Die Bestimmungen der Deutschen Reiterlichen Vereinigung (FN), die sogenannte Leistungsprüfungsordnung (LPO).

▸ **Welche Bestimmungen sind für internationale Pferdeleistungsprüfungen verbindlich?**

◂ Das General-Reglement (RG) der Fédération Equestre Internationale (FEI).

▸ **Wie sind die Leistungswettbewerbe (WB) und Leistungsprüfungen (LP) nach der neuen LPO unterteilt?**

◂ 1. Breitensportliche Wettbewerbe
2. Reiter-/Fahrerwettbewerbe
3. Voltigierwettbewerbe und Leistungsprüfungen der Kat. C, B und A
4. Distanzreiten/-fahren
5. Basis- und Aufbauprüfungen
6. Dressurprüfungen
7. Springprüfungen
8. Gelände- und Vielseitigkeitsprüfungen
9. Fahrprüfungen
10. Kombinierte Prüfungen

▸ **Bei welcher Leistung wird ein Reiter nicht mehr plaziert?**

◂ In der Dressur mit einer Wertnote unter 5,0. Im Springen, wenn mehr als die Hälfte der Hindernisse abgeworfen wurde.

Wird in einem Stilspringen die Grußaufstellung bewertet?

◂ Ja.

▸ **Kann ein Pferd auf einem Turnier unter demselben Reiter in derselben Disziplin an Prüfungen der Klasse A und M teilnehmen?**

◂ Nein.

▸ **Welche Prüfungen zählen zu den Basisprüfungen?**

◂ Material-, Eignungs-, Zuchtstutenprüfung sowie Championatsprüfungen für Reitpferde.

▸ **Was heißt APO?**

◂ Ausbildungs-Prüfungsordnung.

▸ **In welcher Prüfung werden Springmanier und Rittigkeit des Pferdes bewertet?**

◂ In der Springpferdeprüfung.

▸ **Welches Vergehen auf dem Vorbereitungsplatz kann ein Richter mit dem Ausschluß des Reiters von der weiteren Teilnahme an einer PLS ahnden?**

◂ Rücksichtsloses Verhalten gegenüber anderen; übermäßiges Schlagen und Spornieren des Pferdes; Schlagen mit der Gerte an Kopf und/oder Hals, Barren, Springen mit Schlaufzügeln, Springen von der verkehrten Seite.

▸ **Wie oft darf ein Pferd an einem Turniertag in Prüfungen gestartet werden?**

◂ Höchstens 3 x.

▸ **Mit welcher Zäumung werden die Dressurpferdeprüfungen L und M geritten?**

◂ Mit der Trensenzäumung.

▸ **Können Verfassungsprüfungen nur in Vielseitigkeitsprüfungen durchgeführt werden?**

◂ Nein, sie können immer dann durchgeführt werden, wenn z.B. ein Pferd lahmt oder wenn Verdacht auf Verabreichung verbotener Substanzen besteht.

▸ **Nennen Sie einige Aufgaben der LPO.**

◂ Bestimmungen zur Vorbereitung und Durchführung von Turnieren und Rechtsordnung.

▸ **Wann dürfen die Hindernisse in einem Stechen nicht erhöht werden?**

◂ Wenn es keinen fehlerhaften Ritt gegeben hat.

▸ Welche Formalitäten müssen vor einem Start in einer Prüfung der Kategorien B oder A erledigt sein?

◂ Der Reiter muß einen Amateur- oder Berufsreiter-Ausweis haben.
Das Pferd muß bei der Deutschen Reiterlichen Vereinigung eingetragen sein. Die Nennung, Nenn- und Stallgeld müssen termingerecht abgegeben worden sein. Ebenso muß man die Meldung und das Startgeld für die jeweilige Prüfung bis zum Meldeschluß abgegeben haben.

▸ Wo werden Termine, Ausschreibungen, Nennungen und Ergebnisse veröffentlicht?

◂ Ausschreibungen sind beim Veranstalter erhältlich und stehen auch in regionalen Fachzeitschriften. Termine, Ausschreibungen, Nennungen und Ergebnisse von Leistungsprüfungen der Kategorie A stehen jeweils im »Kalender für Pferdeleistungsprüfungen«, der von der Deutschen Reiterlichen Vereinigung bezogen werden kann. Die FN gibt auch jeweils ein Jahrbuch mit Ergebnissen von Prüfungen der Kategorien A und B des vergangenen Jahres heraus. (Jahrbuch »Sport« und Jahrbuch »Zucht«)

Tierschutzgesetz

▸ **Gegen welchen Paragraphen des Tierschutzgesetzes verstößt ein Reiter, der mit seinem unvorbereiteten, untrainierten Pferd/Pony Tagestouren unternimmt, so daß durch Überforderung und Überanstrengung Schäden entstehen?**

◂ §1 : Es darf niemand einem Tier ohne vernünftigen Grund Schmerzen, Leiden und Schäden zufügen.

▸ **Kann ein Pferdehalter bestraft werden, der sein Pferd in einem Ständer unterbringt, der so eng ist, daß sich das Tier nicht hinlegen kann, oder der sein gesundes Pferd tagelang dreckig und schweißverklebt in einer engen Box stehen läßt?**

◂ Dieser Pferdehalter macht sich strafbar, weil er sein Pferd nicht artgemäß hält (zu enge Box oder Ständer) und pflegt (§ 2 Abs. 1 Ziff. 1). An dieser Stelle bestimmt das Gesetz außerdem, daß das Tier auch artgemäß gefüttert werden muß. Durch das Tierschutzgesetz ist auch vorgeschrieben, daß ein Pferd täglich ausreichende Bewegung haben muß (§ 2 Abs. 1 Ziff. 2).

▸ **Gegen welchen Inhalt des Tierschutzgesetzes verstößt ein Reiter, der sein Pferd immer von neuem dazu antreibt, über ein Hindernis zu springen, das in der Höhe oder Weite die Kräfte und das Vermögen des Tieres überfordert?**

◂ »Es ist verboten, einem Tier außer in Notfällen Leistungen abzuverlangen, denen es wegen seines Zustandes offensichtlich nicht gewachsen ist oder die offensichtlich seine Kräfte übersteigen« (§ 3 Ziff. 2).

▸ **Was besagt dieses Gesetz über die Anmeldepflicht von Reitbetrieben?**

◂ Gewerbliche Reit- und Fahrbetriebe müssen bei den zuständigen Behörden angemeldet werden.

▸ **Welche Höchststrafen sieht das Gesetz bei Verstößen und Ordnungswidrigkeiten vor?**

◂ Wenn ein Reiter seinem Pferd beispielsweise länger anhaltende oder sich wiederholende erhebliche Schmerzen oder Leiden zufügt, so kann er zu einer Freiheitsstrafe bis zu zwei Jahren verurteilt werden. Wenn ein Pferdehalter beispielsweise gegen die Gesetze über Haltung, Fütterung und Pflege verstößt, so gilt dies als Ordnungswidrigkeit und kann mit bis zu DM 10 000 Geldbuße bestraft werden.

Geländereiten – Reiterliches Verhalten in Feld, Wald und auf der Straße*

▸ **Wie ist ein Ausritt einzuteilen?**

◂ Zu Beginn werden zehn Minuten Schritt geritten, danach folgen im Wechsel Trab und Galopp, unterbrochen von ausreichenden Schrittpausen. Beim Heimweg auf Entspannung achten und die letzten zehn Minuten Schritt reiten!

▸ **Weshalb ist Geländereiten für Reiter und Pferd so wichtig?**

◂ Beiden soll Freude und Schwung bei der Arbeit in der Bahn erhalten bleiben und Abwechslung geboten werden. Außerdem hat das Reiten im Gelände für den sogenannten Freizeitreiter als Ziel und Selbstzweck eine wertvolle Funktion.

▸ **Wer kann zu den Freizeitreitern gezählt werden?**

◂ Alle Reiter, die keine Turnierambitionen haben.

▸ **Welche Gemeinsamkeiten in der Ausbildung der Pferde sind für alle Gebrauchszwecke wichtig?**

◂ Großpferde und Ponys brauchen, unabhängig vom späteren Verwendungszweck, eine unter der Leitung eines Fachmannes vermittelte Grundausbildung.

▸ **Wie läßt sich diese allgemeine Grundausbildung kurz charakterisieren?**

◂ Die Pferde müssen lernen und körperlich dazu ausgebildet sein, daß sie beim Aufsitzen des Reiters ruhig stehenbleiben und das Reitergewicht in allen drei Grundgangarten losgelassen und ausbalanciert tragen können. Ferner müssen sie gelernt haben, auf die treibenden sowie verhaltenden und einseitig wirkenden Hilfen zu reagieren, so daß sie sich mit möglichst geringem Kraftaufwand anreiten, antraben und angaloppieren, durchparieren und in den Grundgangarten wenden lassen. Auch die beiden weiteren Gangarten z.B. beim Isländer – Paß und Tölt – müssen zumindest unter der Anleitung eines Fachmannes ausgebildet werden, wenn der Freizeitreiter dazu nicht selber die notwendigen reiterlichen Qualifikationen besitzt.

* | Wer bereits den Reitpass besitzt, ist für diesen Teil der Prüfung bestens vorbereitet und gründlicher informiert als es hier in einem kurzen Kapitel geschehen kann (vgl. Hölzel, »Der Reitpass«, Stuttgart).

▸ Wie lassen sich spezielle Ausbildungsinhalte kurz beschreiben?

◂ Dem Gebrauchszweck entsprechend müssen die Pferde für den Freizeitsport ohne Überforderung so ausgebildet werden, daß ihre Gesundheit erhalten bleibt und der Reiter an seinem Hobby Freude haben kann. So muß es selbstverständlich sein, daß beispielsweise ein Pferd vor einer großen Tour, dem sogenannten Wandern zu Pferde, durch sich allmählich steigernde Anforderungen, immer längere Ausritte mit entsprechenden Pausen, vorbereitet wird.

▸ Wie soll der Reiter im Gelände sitzen?

◂ Die Steigbügel werden zwei bis drei Loch kürzer geschnallt als beim Dressurreiten. Durch einen festen Knieschluß, das Abstützen im Steigbügel und ein elastisches Einschmiegen in die Bewegung des Pferdes erhält der Sitz die nötige Festigkeit. Weil Freude und Losgelassenheit beim Geländereiten das wichtigste sind, soll der Reiter im Trab nur leichttraben. Er muß darauf achten, dabei immer wieder den Fuß zu wechseln (besonders bei größeren Strecken!), um das Pferd gleichmäßig zu belasten. Im Galopp sitzt der Reiter im leichten Sitz, der im Zusammenhang mit dem Springen beschrieben wurde.

ABB. 83 Leichter Sitz (Jagdsitz)

Worauf ist beim Schrittreiten zu achten?

Das Pferd soll im Schritt, je nach seiner Veranlagung natürlich, raumgreifend und fleißig gehen. Der Schritt soll ungefähr dem Mittelschritt entsprechen. Keinen versammelten Schritt reiten! Man mache es sich zur Regel, nach dem Aufsitzen zehn Minuten und vor dem Absitzen zehn Minuten Schritt zu reiten!

Wie ist das Tempo im Trab?

Der Trab im Gelände soll ungefähr dem Arbeitstempo entsprechen. Im Gelände wird kein versammelter, Mittel- oder starker Trab geritten!

Welches Tempo reitet man im Galopp?

Je nach Training und Ausbildungsstand des Pferdes kann man über längere Strecken im Galopp alle Tempi reiten. Den meisten Pferden macht es Freude, zwischendurch auf kürzeren Strecken ein Tempo bis zu 400 m/Minute gehen zu dürfen. Danach ist aber das »Bummeln« im Schritt nicht zu vergessen.

Wie muß bei normalen Ausritten der Boden für das Galoppieren beschaffen sein?

Weich federnd, dabei eben oder leicht ansteigend. Es sollte nur auf übersichtlichen oder bekannten Strecken galoppiert werden.

Auf was ist beim Klettern besonders zu achten?

Man reitet einen Hang immer senkrecht hinauf und hinunter, um seitliches Abrutschen zu vermeiden.

Wie verhält man sich beim Bergaufklettern?

Der Reiter geht – je nach Steilheit des Hanges – mit dem Oberkörper mehr oder weniger nach vorne, um Hinterhand und Rücken des Pferdes zu entlasten und um selbst nicht hinter die Bewegung zu kommen. Der Knieschluß wird fester; die Hände geben in Richtung Pferdemaul nach, um dem Pferd völlige Halsfreiheit zu gewähren. Um nicht mit dem Oberkörper zurückzufallen, kann der Reiter mit einer Hand um den Halsansatz des Pferdes fassen.

Wie verhält man sich beim Bergabreiten?

Wichtig ist, daß senkrecht bergab geritten wird. Der Oberkörper des Reiters nimmt eine senkrechte oder etwas vorgeneigte Haltung an (nicht zurücklehnen). Damit der Reiter den Weg überblicken kann, stützt er sich mit beiden Händen am Halsansatz des Pferdes ab und verhindert gleichzeitig mit den Unterschenkeln ein seitliches Ausweichen der Hinterbeine. Lehnte sich der Oberkörper zurück, so wäre die sichere Verbindung zum Pferdemaul erschwert, die Unterschenkel würden nach vorne rutschen, und der Reiter würde die Stütze am Hals und die Bodenübersicht verlieren.

ABB. 84 Klettern

ABB. 85 Bergabklettern

▸ **Was ist bei der Planung längerer Ausritte zu beachten?**

◂ Wenn das Gelände nicht bekannt ist, muß die Strecke mit Hilfe einer Wanderkarte ausgesucht und zusammengestellt – besser vorher abgefahren – werden.

▸ **Wonach muß sich die Länge der Strecke richten?**

◂ Nach der Verfassung und dem Trainingszustand der Pferde, den Bodenverhältnissen und eventuellen Übernachtungsmöglichkeiten für Pferde und Reiter.

▸ **Wie kann pauschal ein sinnvolles Training des Pferdes für solche längeren Ritte beschrieben werden?**

◂ Acht bis zwölf Wochen vorher soll das Pferd wenigstens dreimal in der Woche bis zu drei Stunden im fleißigen Schritt, Trab und Galopp trainiert werden. Das tägliche Reiten in der Bahn als alleiniges Training reicht auf keinen Fall aus.

▸ **Wie ist die Strecke bei einem mehrere Tage dauernden Ritt einzuteilen?**

◂ Für den ersten Tag ist eine Strecke von ca. 30 km einzuplanen, die man je nach Zustand der Pferde auf 50 bis 60 km steigern kann.

▸ **Welche örtlichen und naturbedingten Verhältnisse sind bei der Planung zu berücksichtigen?**

◂ Es darf kein Flurschaden entstehen. Im Wald sind Ritte durch Forstkulturen, Dickungen, Saatkämpe und Neuanpflanzungen verboten. Die Strecke soll zu möglichst großen Teilen über unbefestigte Feldwege führen. Über Wiesen, Weiden, Felder und auf Fuß- und Radwegen darf nicht geritten werden.

▸ **Was ist über Jagdzeiten zu sagen?**

◂ Es ist empfehlenswert, sich über Jagdzeiten zu informieren. Rehwild kann zum Beispiel vom 16. Mai bis 15. Oktober gejagt werden. In dieser Zeit sollte man nicht vor 7.00 Uhr und nach 19.00 Uhr durch den Wald reiten.

▸ **Welche Bedingungen müssen bei solchen Ritten Hufe und Beschlag erfüllen?**

◂ Die Hufe müssen gepflegt und elastisch sein. Der Beschlag soll mit Hartstiftstollen versehen sein und spätestens eine Woche vor dem Ritt erneuert werden.

▶ **Welche besondere Ausrüstung ist einzuplanen, die zum Teil in Sattel- und Manteltaschen verstaut und zum Teil mit dem Auto an den Etappenzielort gebracht werden kann?**

◀ Es sind erforderlich: Stallhalfter mit Anbindestrick, Putz- und Pflegemittel, eine kleine Apotheke für Roß und Reiter, eine Pferdedecke, Hufbeschlagzeug. Am Übernachtungsort ist für die Unterbringung der Pferde mit Einstreu, Futter, einer Plastikwanne als Krippenersatz und einem Tränkeimer zu sorgen.

▶ **Nach welchen Gesichtspunkten ist ein Rastplatz auszuwählen?**

◀ Der Rastplatz soll wind- und bei Hitze sonnengeschützt sein, es sollen möglichst keine Bremsen und Giftpflanzen am Ort, sondern gutes Gras für die Pferde und eine reizvolle Aussicht für die Reiter vorhanden sein.

▶ **Welche Giftpflanzen können für das Pferd besonders gefährlich werden?**

◀ 1. Eibe, 2. Gefleckter Schierling, 3. Gift-Wasserschierling, 4. Bilsenkraut, 5. Roter Fingerhut, 6. Großblütiger (Blasser) Fingerhut, 7. Gelber Fingerhut, 8. Frühlings-Adonisröschen, 9. Maiglöckchen, 10. SommerAdonisröschen, 11. Liguster, 12. Schöllkraut, 13. Herbstzeitlose, 14. Tollkirsche, 15. Goldregen, 16. Robinie (Falsche Akazie), 17. Buchsbaum. (Abbildungen der Pflanzen finden Sie auf der inneren Umschlagklappe.)

▶ **Was ist zu tun, wenn ein Pferd giftige Pflanzen gefressen hat?**

◀ Erforderlich ist eine möglichst schnelle Behandlung! Dabei kann die Kenntnis der gefressenen Pflanze dem Tierarzt entscheidend helfen!

▶ **Worauf ist bei einer Rast zu achten?**

◀ Nur bei warmer Witterung kann man ein Pferd im Freien stehen lassen, aber auch dann nie im Wind. Wenn kein Stallhalfter mit Strick vorhanden ist, muß das Pferd gehalten werden. Auf keinen Fall darf man es mit den Zügeln anbinden. Bei einer ganzen Abteilung können alle Pferde durch sogenannte »Schlaufen« verbunden und von zwei Leuten gehalten werden. Bei einer Rast nach längeren Ritten sollte man Beschlag, Sattel- und Gurtlage nachsehen und die Pferdebeine auf eventuelle Verletzungen hin überprüfen. Wenn das Pferd grasen kann, so ist das Gebiß auszuschnallen oder besser noch das mitgebrachte Halfter anzulegen.

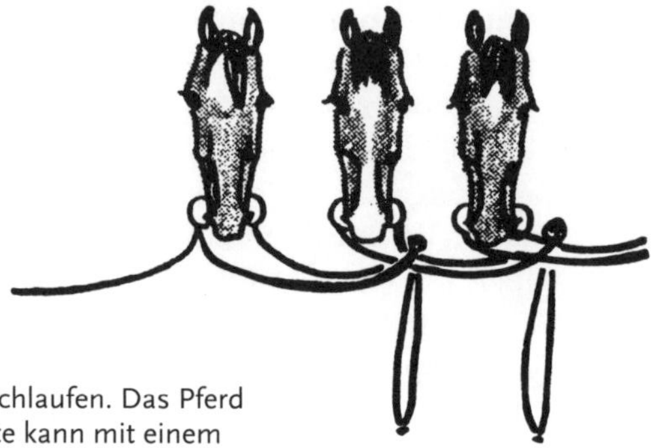

ABB. 86 Durchgezogene Schlaufen. Das Pferd auf der linken Seite kann mit einem Ausbinder oder einem ausgeschnallten Bügelriemen gehalten werden.

ABB. 87 Schlaufe, Knoten

Außerdem ist darauf zu achten, daß sich die Pferde nicht gegenseitig schlagen können. Wenn sauberes Wasser vorhanden ist, soll die Sattellage gereinigt werden.

▸ **Worauf ist beim Reiten im Autoverkehr zu achten?**

◂ Wenn sich verkehrsreiche Straßen nicht meiden lassen, so reiten alle Reiter scharf rechts hintereinander, wobei jeweils ein guter Reiter mit einem sicheren Pferd am Anfang und am Schluß der Gruppe reitet. Bei Dunkelheit müssen die Pferde hinten über der Fessel Spezialrückstrahler tragen. Zusätzlich müssen der erste Reiter eine Lampe mit weißem Licht und der letzte Reiter eine Lampe mit rotem Licht tragen.

▸ Was ist hinsichtlich der Länge einer geschlossenen Reitergruppe zu beachten?

◂ Sie darf nicht länger als 25 m sein. Bei zwei Reitergruppen muß ein Abstand von mindestens 25 m zwischen den Gruppen eingehalten werden.

▸ In welcher Gangart ist an Fußgängern vorbeizureiten?

◂ Wenn Fußgänger oder Radfahrer nicht in großem Bogen zu umreiten sind, beispielsweise auf einem Weg, so ist in jedem Fall vor ihnen zum Schritt zu parieren und erst in angemessenem Abstand wieder anzutraben.

▸ Wie ist das Pferd nach einem längeren Ausritt zu versorgen?

◂ Der Reiter schwammt Sattellage, Gesicht, After und die Stelle zwischen den Hinterbeinen ab, wäscht oder spritzt die Beine ab, sieht nach Verletzungen, überprüft Hufe und Beschlag und führt sein Pferd zum Schluß – bei kühler Witterung eingedeckt – noch einige Zeit an der Hand.

ABB. 88

Erste Hilfe

▸ **Wie lagert man einen Verletzten bis zum Eintreffen des Krankenwagens?**

◂ In stabile Seitenlage.

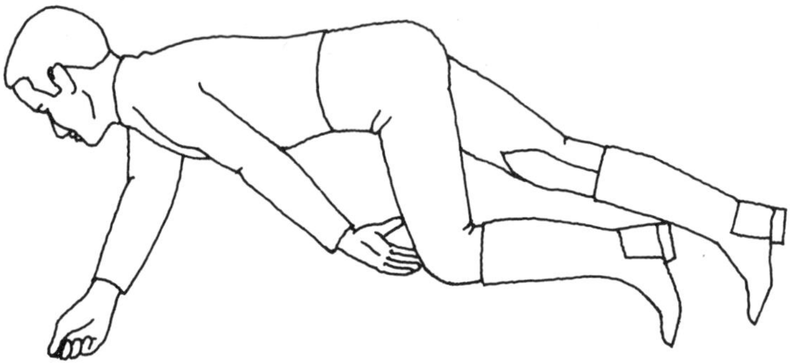

ABB. 89 Ein Bewußtloser wird in die stabile Seitenlage gebracht

▸ **Welches Erste-Hilfe-Material sollte bei einem größeren Ausritt mitgeführt werden?**

◂ Verbandspäckchen, Mullbinden, Dreieckstücher, Pflaster, Desinfektionsmittel, mehrere elastische Binden.

▸ **Nennen Sie Sofortmaßnahmen bei Bewußtlosigkeit.**

◂ Stabile Seitenlage und Streckung des Halses. Eventuell Erbrochenes und Fremdkörper aus dem Mund entfernen.

▸ **Was ist die sogenannte Rettungskette bei der Unfallhilfe?**

◂ Sofortmaßnahmen,
- Notruf,
- Erste Hilfe,
- Rettungsdienst,
- Krankenhaus.

▸ **Wann darf man einen Verletzten auf keinen Fall bewegen?**

◂ Bei geringstem Verdacht auf eine Verletzung der Wirbelsäule.

▸ **Welche Anzeichen sprechen für eine Gehirnerschütterung?**

◂ Übelkeit, Schwindelgefühl, Erbrechen, Kopfschmerz, Gedächtnislücken, Bewußtlosigkeit.

Anhang

Bestimmungen der FN zum Erwerb der Abzeichen im Pferdesport

1. Basispass Pferdekunde

Durchführungsbestimmungen Basispass Pferdekunde

Zulassung Voraussetzung sind geistige und körperliche Mindestreife des Bewerbers (Grundschulreife, ca. ab 7 Jahre)

Prüfungsfächer

1. **PRAKTISCHER TEIL**

- Umgang mit dem Pferd
- Ansprechen und Annähern an das Pferd
- Führen und Vorführen
- Anbinden, Passieren anderer Pferde
- Loslassen des Pferdes/Ponys in die Weide oder den Paddock
- Pferdepflege einschließlich Bandagieren
- Ausrüsten des Pferdes/Ponys einschließlich Zäumen und Satteln
- Pferdeverhalten erkennen
- vertrauensbildende Maßnahmen durchführen
- Grundtechniken des Verladens

2. **THEORETISCHER TEIL**

Pferdeverhalten und Umgang mit dem Pferd einschließlich Bewegung

- Entwicklungsgeschichte
- Pferdeverhalten und verhaltensgerechter Umgang mit dem Pferd einschließlich Bewegungsbedürfnis
- Charakterbeurteilung und Verhaltensabweichung
- Sicherheitsaspekte und Unfallverhütung
- einschlägige Bestimmungen des Tierschutzgesetzes
- Identifizieren und Beurteilen von Pferden/Ponys

Fütterung und Fütterungstechnik

- Grundkenntnisse der Anatomie und Verdauung
- Futtermittel und Rationsgestaltung
- Fütterungstechnik

Grundlagen der Pferdegesundheit

- Pferdepflege
- Hufpflege
- Ausrüstung
- Grundkenntnisse der Anatomie

- Wesentliche Erkrankungen
- Kenntnisse über Impfungen und Wurmkuren
- Erste-Hilfe-Maßnahmen

Stallräume, Nebenräume und Bewegungsflächen

- Grundlagen zu den Themen Aufstallungsarten, Stallklima, Stalleinrichtung, Auslauf und Weide

Prüfungskommission 2 Richter. In der Teilprüfung Theorie ist eine Aufteilung der Prüfungskommission möglich.

Prüfungsergebnis Kenntnisse und Fertigkeiten im Umgang mit dem Pferd sowie das Grundwissen über das Pferd sind ausschlaggebend. Das Prüfungsergebnis lautet »bestanden« oder »nicht bestanden«.

Wiederholung Eine nicht bestandene Prüfung kann zum nächstmöglichen Termin wiederholt werden, wobei alle Teilprüfungen zu wiederholen sind.

Gebühren Sie sind an den Veranstalter zu entrichten.

Verleihung Nach bestandener Prüfung händigt die Prüfungskommission im Auftrag der FN den »Basispass Pferdekunde« aus.

2. Motivationsabzeichen

Aufgabe der Motivationsabzeichen ist es, dem Bewerber grundlegende Kenntnisse und Fertigkeiten im Umgang mit dem Pferd zu vermitteln, ihn mit spielerischen Elementen an das Reiten bzw. Voltigieren heranzuführen und – bei kombinierten Abzeichen – andere Sportarten zu integrieren sowie das Mannschaftsdenken zu fördern.
Folgende **Durchführungsbestimmungen** gelten sowohl für das Kleine Hufeisen, das Große Hufeisen, das Kombinierte Hufeisen, die Reiternadel und die Kombinierte Reiternadel. Hiervon abweichende Bestimmungen und die genauen Inhalte der einzelnen Prüfungen sind im nachfolgenden Teil aufgeführt. Hilfszügel gemäß Richtlinien Reiten und Fahren Bd. 1 sind in allen Prüfungen erlaubt (ausgenommen Schlaufzügel).

Folgende Bestimmungen gelten für alle Motivationsabzeichen:

Beurteilung Beurteilt werden Kenntnisse und Fertigkeiten im Umgang mit dem Pferd, das Grundwissen über das Pferd/Pony sowie Sitz und Hilfengebung des Reiters bzw. die Ausführung der Übungen beim Voltigieren.

Prüfungsort Jeder Reiterverein mit einer Reithalle oder einem Reitplatz.

Prüfungs kommission Eine Person, die mindestens Trainer C – Reiten oder Voltigieren – ist bzw. eine Richterqualifikation besitzt. Dies könnte der Ausbilder der Prüflinge sein, besser der Ausbilder eines Nachbarvereins.

Prüfungsergebnis Sachkundigkeit und Kenntnisse im Umgang mit dem Pferd/Pony sowie das Grundwissen über dieses sind ausschlaggebend. Sitz und Hilfengebung bzw. die Übungsausführung fließen in die Beurteilung ein. Das Ergebnis lautet »bestanden« oder »nicht bestanden«.

Wiederholung Eine nicht bestandene Prüfung kann zum nächstmöglichen Termin wiederholt werden, wobei alle Teilprüfungen zu wiederholen sind. Das Abzeichen kann jährlich neu erworben werden.

Gebühren Die Gebühren für die Prüfung sind an den Veranstalter zu entrichten.

Verleihung Nach bestandener Prüfung händigt die Prüfungskommission eine Urkunde und das Abzeichen aus.

2.1 Das Kleine Hufeisen

Zulassung Zugelassen sind Kinder und Jugendliche, die im laufenden Kalenderjahr nicht älter als 16 Jahre werden.

1. PRAKTISCHER TEIL

Prüfungsfächer

Umgang mit dem Pferd

- Führen
- Anbinden
- Passieren anderer Pferde
- Wenden auf der Stallgasse
- Pferdepflege: z.B. Putzen mit Striegel und Kardätsche, Huf- und Schweifpflege
- Versorgen des Pferdes/Ponys nach der Arbeit
- Mithilfe bei Zäumen und Satteln (a) bzw. Zäumen und Gurten (b)

Reiten/Voltigieren

a) Reiten:

- Auf- und Absitzen
- Nachgurten
- Hintereinanderherreiten
- Bahndisziplin, ggf. Reiten über Cavaletti, um Tonnen oder Ständer.

b) Voltigieren:

- ggf. im Takt mittraben oder mitgaloppieren
- Hilfestellung zum Aufsitzen geben
- eine Kürübung und vier Pflichtübungen aus dem D-Programm nach Wahl im Galopp bzw. Schritt

2. THEORETISCHER TEIL

Der Bewerber ist in jedem der o.g. Prüfungsgebiete theoretisch zu prüfen:

- Bezeichnung der wichtigsten Putz- und Ausrüstungsgegenstände, Lederpflege
- Grundsätze auf dem Gebiet des Pferdeverhaltens und des Umgangs mit dem Pferd
- Grundkenntnisse auf dem Gebiet der Pferdehaltung, Fütterung, des Tierschutzes und der Unfallverhütung

- Reitlehre: Grundkenntnisse über Sitz und Hilfen, Hufschlagfiguren, Anpassen und Anlegen von Trense und Sattel, Verschnallen der Bügel
- Voltigierlehre: Grundkenntnisse über Voltigierübungen (Kür und Pflicht), Anpassen und Anlegen von Trense, Unterlage und Voltigiergurt

2.2 Das Große Hufeisen

Zulassung

Zugelassen sind Kinder und Jugendliche, die im laufenden Kalenderjahr nicht älter als 18 Jahre werden.

Prüfungsfächer

1. PRAKTISCHER TEIL

Umgang mit dem Pferd

- Führen
- Anbinden
- Passieren anderer Pferde
- Wenden auf der Stallgasse
- Pferdepflege: z.B. Putzen mit Striegel und Kardätsche, Huf- und Schweifpflege
- Versorgen des Pferdes/Ponys nach der Arbeit
- Mithilfe bei Zäumen und Satteln (a) bzw. Zäumen und Gurten (b)

Reiten/Voltigieren

a) Reiten:

- Zäumen und Satteln: Kenntnisse im Anpassen und Anlegen von Zäumung und Sattel, Verschnallen der Bügel
- Auf- und Absitzen
- Nachgurten
- Bahndisziplin
- Reiten eines Dressurreiterwettbewerbes
- Reiten im Außengelände
- Außenplatz einschließlich Reiten über Cavaletti
- Überwinden kleinerer reitweisenspezifischer Hindernisse (in Anlehnung an einen Springreiterwettbewerb; Westernreiten: in Anlehnung an einen Trailparcours)

b) Voltigieren:

- Zeigen der D-Pflicht- und einer Kürübung im Galopp

2. THEORETISCHER TEIL

Der Bewerber ist in jedem der o.g. Prüfungsgebiete theoretisch zu prüfen:

- Bezeichnung der wichtigsten Putz- und Ausrüstungsgegenstände, Lederpflege
- Grundkenntnisse auf dem Gebiet des Pferdeverhaltens und des Umgangs mit dem Pferd
- Grundkenntnisse auf dem Gebiet der Pferdehaltung, Fütterung, des Tierschutzes und der Unfallverhütung

a) Reitlehre:

- Grundkenntnisse über Sitz und Hilfen, Hufschlagfiguren bzw.

b) Voltigierlehre:

- Grundkenntnisse über Voltigierübungen (Kür und Pflicht)

2.3 Das Kombinierte Hufeisen

Zulassung Zugelassen sind Kinder und Jugendliche, die im laufenden Kalenderjahr nicht älter als 18 Jahre werden.

Prüfungsfächer Mindestens eine der drei Teilprüfungen muß aus dem Grundblock absolviert werden. Von den Teilprüfungen Spiele bzw. Streckenritt ist nur eine wählbar. Andere Teilprüfungen können beliebig kombiniert werden.

1. Grundblock:

- Reiten: Reiten einer von den Bewerbern selbständig zusammengestellten Aufgabe in einer Gruppe (2–4 Reiter) nach den Grundsätzen der Grundausbildung; Reiten mit verkürzten Bügeln; Absolvieren eines von den Bewerbern selbständig zusammengestellten Geschicklichkeitsparcours (z.B. Stangenlabyrinth) einschließlich Überwinden kleinerer Hindernisse (3–5), z.B. Cavaletti, Kreuz etc.
- Voltigieren: Lösen einfacher Bewegungsaufgaben in spielerischer Form einschließlich Partnerübungen, auf beiden Händen, Gangart beliebig; Übungen auf dem Pferd in verschiedenen Positionen.

2. Ergänzungsblock:

▸ Laufen:	15 Minuten
▸ Schwimmen:	15 Minuten
▸ Radfahren/Mountain-biking:	30 Minuten
▸ Inline-Skating:	30 Minuten
▸ Ski-Langlauf:	30 Minuten
▸ Skilaufen:	Slalom, Anhalten und Anfahren am Hang
▸ Mannschaftssportarten:	5 Minuten – unter besonderer Berücksichtigung des Mannschaftsgedankens sowie grundlegender technischer Fertigkeiten
▸ Handball:	z.B. Dribbeln, Passen, Fangen, (Ziel- bzw. Torwurf), Sprungwurf
▸ Fußball:	z.B. Dribbeln, Doppelpaß, Flanken, Inseitstoß, Vollspannstoß, Torschuß
▸ Basketball:	z.B. Dribbeln, Passen, Fangen, Korbleger
▸ Volleyball:	z.B. Pritschen, Baggern, Aufgabe von unten, Mini-Volleyball
▸ Hockey:	z.B. Vorhand- und Rückhanddribbling, Doppelpaß, Vorhand- und Rückhandzieher, Torschuß
	Die Durchführung der Prüfung in weiteren Sportarten ist auf Antrag möglich.
▸ Spiele:	3 Spiele gem. FN-Handbuch Pferdesport
▸ Streckenritt:	gem. FN-Handbuch Pferdesport

Prüfer Die Prüfungen in den Sportarten des Ergänzungsblocks sollen durch einen autorisierten Sportlehrer oder Übungsleiter der entsprechenden Sportart abgenommen werden.

Prüfungsergebnis Das Alter des Bewerbers sowie seine reiterliche Erfahrung sollten bei der Bewertung berücksichtigt werden. Darüber hinaus sind Mindestanforderungen in den gewählten Sportarten zu erfüllen.

2.4 Die Reiternadel

Zulassung Zugelassen sind Bewerber, die im laufenden Kalenderjahr mindestens 16 Jahre alt werden.

1. PRAKTISCHER TEIL

Prüfungsfächer

Umgang mit dem Pferd:

- Führen, Anbinden, Passieren anderer Pferde, Wenden auf der Stallgasse
- Pferdepflege: z.B. Putzen mit Striegel und Kardätsche, Huf- und Schweifpflege, Versorgen des Pferdes/Ponys nach der Arbeit

Reiten:

- Zäumen und Satteln: Kenntnisse im Anpassen und Anlegen von Zäumung und Sattel, Verschnallen der Bügel
- Auf- und Absitzen
- Nachgurten
- Hintereinanderreiten
- Bahndisziplin
- ggf. Reiten über Cavaletti, um Tonnen und Ständer
- Überwinden von 6–8 Einzelhindernissen, 0,60–0,90 m hoch. Die Teilnahme am Springen ist dem Bewerber freigestellt.
- Bei Nichtteilnahme am Springen ist zusätzlich zum Hintereinanderreiten der Balancesitz nach den Grundsätzen der Grundausbildung in allen drei Grundgangarten, einzeln und in der Gruppe, zu zeigen (Hilfszügel gem. Richtlinien für Reiten und Fahren Bd.1 sind zugelassen, ausgenommen Schlaufzügel).

2. THEORETISCHER TEIL

Der Bewerber ist in jedem der o.g. Prüfungsgebiete theoretisch zu prüfen.

- Zäumen und Satteln
- Zusammensetzen und Anpassen einer Trense
- Auflegen von Sattel und Zaumzeug
- Bandagieren eines Pferdes
- Grundkenntnisse auf dem Gebiet der Reitlehre und Pferdehaltung entsprechend der Klasse E

▶ Kenntnisse der einschlägigen Bestimmungen des Tierschutzgesetzes und des reiterlichen Verhaltens in Feld, Wald und auf Straßen

Prüfungsergebnis Das Alter des Bewerbers sowie seine reiterliche Erfahrung sollten bei der Bewertung berücksichtigt werden.

2.5 Die Kombinierte Reiternadel

Zulassung Zugelassen sind Bewerber, die im laufenden Kalenderjahr mindestens 16 Jahre alt werden.

Prüfungsfächer Die Prüfung besteht aus drei Teilprüfungen; mindestens eine von ihnen muß aus dem Grundblock absolviert werden. Von den Teilprüfungen Spiele bzw. Streckenritt darf nur eine gewählt werden. Andere Teilprüfungen können beliebig kombiniert werden.

1. Grundblock

▶ Reiten einer von den Bewerbern selbständig zusammengestellten Aufgabe in einer Gruppe (12–4 Reiter) nach den Grundsätzen der Grundausbildung; Reiten mit verkürzten Bügeln; Absolvieren eines von den Bewerbern selbständig zusammengestellten Geschicklichkeitsparcours (z.B. Stangenlabyrinth) einschließlich Überwinden kleinerer Hindernisse (3–5), z.B. Cavaletti, Kreuz etc.

oder

▶ Voltigieren: Lösen einfacher Bewegungsaufgaben in spielerischer Form einschließlich Partnerübungen, auf beiden Händen, Gangart beliebig; Übungen auf dem Pferd in verschiedenen Positionen.

2. Ergänzungsblock

▶ Laufen:	15 Minuten
▶ Schwimmen:	15 Minuten
▶ Radfahren/Mountainbiking:	30 Minuten
▶ Inline-Skating:	30 Minuten
▶ Ski-Langlauf:	30 Minuten
▶ Skilaufen:	Slalom, Anhalten und Anfahren am Hang

- Mannschaftssportarten: 15 Minuten – unter besonderer Berücksichtigung des Mannschaftsgedankens sowie grundlegender technischer Fertigkeiten
- Handball: z.B. Dribbeln, Passen, Fangen, Ziel- bzw. Torwurf, Sprungwurf
- Fußball: z.B. Dribbeln, Doppelpaß, Flanken, Inseitstoß, Vollspannstoß, Torschuß
- Basketball: z.B. Dribbeln, Passen, Fangen, Korbleger
- Volleyball: z.B. Pritschen, Baggern, Aufgabe von unten, Mini-Volleyball
- Hockey: z.B. Vorhand- und Rückhanddribbling, Doppelpaß, Vorhand- und Rückhandzieher, Torschuß

Die Durchführung der Prüfung in weiteren Sportarten ist auf Antrag möglich.

- Spiele: 3 Spiele gem. FN-Handbuch Pferdesport
- Streckenritt: gem. FN-Handbuch Pferdesport

Prüfer

Die Prüfungen in den Sportarten des Ergänzungsblocks sollen durch einen autorisierten Sportlehrer oder Übungsleiter der entsprechenden Sportart abgenommen werden.

Prüfungsergebnis

Das Alter des Bewerbers sowie seine reiterliche Erfahrung sollten bei der Bewertung berücksichtigt werden. Darüber hinaus sind Mindestanforderungen in den gewählten Sportarten zu erfüllen.

3. Erwerb des DRA Klasse IV bis II durch Sonderprüfungen

Zweck der Abzeichen im Reitsport

Dem Inhaber wird sichtbar bestätigt, daß er über ein bestimmtes Maß an Können und Wissen im Reiten verfügt. Das Abzeichen stellt eine öffentliche Anerkennung dar und soll zu weiteren Leistungen im Umgang mit Pferden sowie im Reiten anspornen. Der Basispass Pferdekunde ist Voraussetzung für den Erwerb des Kleinen Reitabzeichens, letzteres ist Voraussetzung für den Erwerb des DRA in Bronze und für die Teilnahme an Wettbewerben der Leistungsklasse 6. Das DRA in Bronze ist Voraussetzung für die Zulassung zur Prüfung als Reitwart und mit einer zusätzlichen Lizenzprüfung (Reiten einer Dressuraufgabe bzw. einer Springprüfung auf einem Turnier, Mindestwertnote 5,0) für den Reitausweis.

Sonderprüfungen

Die Abzeichen können in folgenden Formen erworben werden: das Kleine, das Große und das Kombinierte Hufeisen, die Reiternadel und die Kombinierte Reiternadel und in den Klassen IV – Kleines Reitabzeichen –, III – Bronze bzw. Bronze/Dressur, Bronze/Springen –, II – Silber bzw. Silber/Dressur, Silber/Springen – und I – Silber mit Lorbeer bzw. Silber mit Lorbeer/Dressur, Silber mit Lorbeer/Springen. Zur Sonderprüfung für das Kleine Reitabzeichen wird nur zugelassen, wer im Besitz des Basispasses Pferdekunde ist. Zur Sonderprüfung für ein Abzeichen in Bronze werden nur Bewerber zugelassen, die das Kleine Reitabzeichen erworben haben. Für den Erwerb des Abzeichens in Silber ist der Besitz des Abzeichens in Bronze seit mindestens einem Jahr Voraussetzung. Für das Abzeichen Silber mit Lorbeer wird nur zugelassen, wer seit mindestens einem Jahr das Silberne Abzeichen besitzt.

Durchführung von Sonderprüfungen

Sonderprüfungen können von Reit-, Fahr- und Voltigiervereinen sowie Ausbildungsstätten, die zum Zeitpunkt der Prüfung dem Niveau eines FN gekennzeichneten Betriebes entsprechen, mit Genehmigung der zuständigen Landeskommission (LK) durchgeführt werden. Sonderprüfungen dürfen nicht in Verbindung mit PS/PLS abgehalten werden. Die Termine für Sonderprüfungen sind

der zuständigen LK zu melden. Die LK beruft wenigstens einen der beiden Richter. (s. auch Absatz 3. und 3.2 der Allgemeinen Bestimmungen).
Alle Teilprüfungen sind an einem Tage bzw. an zwei aufeinanderfolgenden Tagen abzulegen.

Wiederholung einer Sonderprüfung

Für das Deutsche Reitabzeichen (DRA)

Eine nicht bestandene Teilprüfung muß in der Reitabzeichenkarte eingetragen werden und kann erst nach 3, spätestens jedoch nach 12 Monaten wiederholt werden. Bei zweimaligem Nichtbestehen einer Teilprüfung ist die gesamte Prüfung zu wiederholen. Die gesamte Prüfung ist auch zu wiederholen, wenn zwei Teilprüfungen nicht bestanden wurden.

Für das Kleine Reitabzeichen (KRA)

Eine nicht bestandene Prüfung muß in der Reitabzeichenkarte eingetragen sein und kann erst nach drei Monaten wiederholt werden. Auch bei Nichtbestehen einer Teilprüfung muß die gesamte Prüfung wiederholt werden.

Richter für Sonderprüfungen

Jede Prüfung bzw. Teilprüfung ist durch zwei Richter abzunehmen, die hierfür besonders anerkannt sind und möglichst die Qualifikation DM, SM besitzen. Die LK beruft wenigstens einen der beiden Richter.
Das Richteramt dürfen solche Personen nicht ausüben, die als Reitlehrer den betreffenden Bewerber unterrichtet haben bzw. als Ausbilder oder Leiter an dem Institut tätig sind, bei dem die betreffende Prüfung veranstaltet wird, in einem verwandtschaftlichen Verhältnis zu dem Bewerber stehen oder dessen Reiterverein als Mitglied angehören.

Beurteilung der Leistungen

Die Beurteilung gilt grundsätzlich nur den Leistungen der Reiter selbst, ohne Rücksicht auf die sonstigen Eigenschaften oder Leistungen der Pferde, die jedoch den Anforderungen der betreffenden Prüfung voll genügen müssen. In allen Teilprüfungen wird das Richtverfahren nach freiem Ermessen gem. § 58.3 LPO angewandt. In jeder Teilprüfung erhält der Bewerber für seine Leistungen eine Gesamtnote zwischen 10 bis 0 (ausgezeichnet bis nicht ausgeführt).

4. Erwerb der Deutschen Reitabzeichen Kl. II und I (Silber und Silber mit Lorbeer) aufgrund von Turniererfolgen

Klasse II (Silber)

Folgende Plazierungen bzw. Siege müssen nachgewiesen werden:

- Zwei Siege in Dressurprüfungen Kl. L. Je ein Sieg kann durch eine Plazierung an 1.–5. Stelle in Dressurprüfungen Kl. M ersetzt werden
  und
- Zwei Siege in Springprüfungen Kl. L. Je ein Sieg kann durch eine Plazierung an 1.–5. Stelle in Springprüfungen Kl. M ersetzt werden.
- Eine Plazierung an 1.–5. Stelle in GVL/CCI* oder drei Plazierungen in VL/CIC* oder höher.
- Drei Siege in Dressurprüfungen Kl. M. Je ein Sieg kann durch eine Plazierung an 1.–5. Stelle in Dressurprüfungen Kl. S ersetzt werden.
- Drei Siege in Springprüfungen Kl. M. Je ein Sieg kann durch eine Plazierung an 1.–5. Stelle in Springprüfungen Kl. S ersetzt werden.

Klasse I (Silber mit Lorbeer)

Folgende Plazierungen bzw. Siege müssen nachgewiesen werden (wobei Erfolge seit 1976 gewertet werden):

- Drei Plazierungen an 1.–5. Stelle in Dressurprüfungen Kl. M. Je ein Sieg kann durch eine Plazierung in Dressurprüfungen Kl. S ersetzt werden
  und
- Drei Plazierungen an 1.–5. Stelle in Springprüfungen Kl. M. Je ein Sieg kann durch eine Plazierung in Springprüfungen Kl. S ersetzt werden
  oder
- Eine Plazierung an 1.–5. Stelle in GVM/CCI** oder drei Plazierungen an 1.–5. Stelle in VM/CIC** oder höher
  oder
- Fünf Plazierungen an 1.–5. Stelle in Dressurprüfungen Kl. S
  oder
- Fünf Plazierungen an 1.–5. Stelle in Springprüfungen Kl. S.

5. Erwerb des Deutschen Reitabzeichens in Gold nur aufgrund von Turniererfolgen

Der Antrag auf Verleihung des DRA in Gold ist vom Bewerber an den LV bzw. die LK oder die FN zu richten. Zum Erwerb des DRA in Gold aufgrund von Turniererfolgen sind alle Bewerber zugelassen.
Das DRA in Gold wird nur aufgrund von Erfolgen im Turniersport verliehen. Gewertet werden Turniererfolge (Einzelerfolge) im In- und Ausland. Im Ausland jedoch nur, wenn die Nennung durch die FN gem. Art. 121 RG erfolgt ist. Für ausländische Reiter werden nur Turniererfolge anerkannt, die im Bereich der deutschen FN errungen wurden.

Folgende Plazierungen bzw. Siege müssen nachgewiesen werden:

1. 3 Siege in Dressurprüfungen Kl. M/Kat. A. Je ein Sieg kann durch eine Plazierung an 1.–3. Stelle in Dressurprüfungen Kl. S ersetzt werden
   und
   5 Plazierungen in Springprüfungen Kl. M/Kat.A an 1.–3. Stelle. Je 3 Plazierungen können durch eine Plazierung an 1.–5. Stelle mit höchstens 4 Strafpunkten in Springprüfungen Kl. S ersetzt werden
   oder
2. 10 Siege in Dressurprüfungen Kl.S. Je ein Sieg kann durch eine Plazierung – Wertnote mindestens 60% – in einem Grand Prix oder Grand Prix Special ersetzt werden
   oder
3. 20 Plazierungen an 1.–3. Stelle in Springprüfungen Kl. S, darunter mindestens 10 Siege
   oder
4. eine Plazierung in einem CCI**** bzw. bei einem FEI-Championat (EM/WM/OS) oder ein Sieg in einem CCI*** oder 3 Plazierungen in CCI ***.

Die Deutschen Reitabzeichen der Klassen IV – I

Maßgebend sind die LPO und das gültige Aufgabenheft.

Prüfungsfächer	**DRA Klasse IV** (Kleines Reitabzeichen)	**DRA Klasse III** (Bronze)	**DRA Klasse III** (Bronze Dressur)	**DRA Klasse III** (Bronze Springen)
Dressur	Einzel- und/oder Abteilungsreiten in Anlehnung an die Anforderungen der Kl. E nach Weisung der Richter (Hilfszügel gem. Richtlinien für Reiten u. Fahren Bd. 1+2 sind zugelassen, ausgenommen Schlaufzügel). Auf Verlangen der Richter Pferdewechsel.	Dressurprüfung Kl. A, wobei einzeln oder zu zweit geritten wird.	Dressurprüfung Kl. L auf Trense	Dressuraufgabe entfällt. Stattdessen wird dressurmäßiges Reiten von Springpferden und Reiten im Außengelände verlangt.
Springen	Stilspringprüfung Kl.E mit Standardanforderungen: 8 Sprünge über 8 verschiedenartige Hindernisse, 60–80 cm hoch.	Stilspringprüfung Kl.A mit Standardanforderungen.	Das Parcoursspringen entfällt. Statt dessen wird das Reiten im leichten Sitz im Trab und Galopp im Außengelände verlangt.	
Theorie	Jeder Bewerber ist in allen 3 Fächern zu prüfen. Anforderungen entsprechend der jeweiligen Klasse: 1. Zäumen und Satteln: Zusammensetzen und Verpassen einer Trense und Kandare (DRA II und I), Auflegen von Trense, Kandare und Sattel; Bandagieren eines Pferdes.			

Prüfungsfächer	DRA Klasse IV (Kleines Reitabzeichen)	DRA Klasse III (Bronze)	DRA Klasse III (Bronze Dressur)	DRA Klasse III (Bronze Springen)
Fortsetzung Theorie	2. Kenntnisse auf dem Gebiet der Reitlehre und Pferdehaltung sowie des Leistungsprüfungswesens (DRA III, II und I). 3. Kenntnis der einschlägigen Bestimmungen des Tierschutzgesetzes und des reiterlichen Verhaltens in Feld, Wald und auf Straßen.			
			Erweiterte Kenntnisse in der Reitlehre (Dressur und Springen) entsprechend den Anforderungen der Kl. L – sonst wie oben (DRA III, Bronze).	
Mindestwertnote in allen Teilprüfungen	5,0	5,0	5,5	5,5

* Anmerkung: Sonderauszeichnung: Bei zusätzlicher Absolvierung einer Teilprüfung Geländereiten wird zu den Reitabzeichen IV und III das DRA IV bzw. III mit Sonderauszeichnung vergeben.

Prüfungsfächer	DRA Kl. II (Silber)	DRA Kl. II (Silber Dressur)	DRA Kl. II (Silber Springen)	DRA Kl. I (Silber mit Lorbeer)
Dressur	Dressurprüfung Kl. L auf Kandare	Dressurprüfung Kl. M auf Kandare	–	Dressurprüfung Kl. M auf Kandare
Springen	Stilspringprüfung Kl.L mit Standardanforderungen	–	Stilspringprüfung Kl. M	Stilspringen Kl. M mit Standardanforderungen
Theorie	Jeder Bewerber ist in allen 3 Fächern zu prüfen. Anforderungen entsprechend der jeweiligen Klasse: 1. Zäumen und Satteln: Zusammensetzen und Verpassen einer Trense und Kandare (DRA II und I), Auflegen von Trense, Kandare und Sattel; Bandagieren eines Pferdes. 2. Kenntnisse auf dem Gebiet der Reitlehre und Pferdehaltung sowie des Leistungsprüfungewesens (DRA III, II und I). 3. Kenntnis der einschlägigen Bestimmungen des Tierschutzgesetzes und des reiterlichen Verhaltens in Feld, Wald und auf Straßen. Erweiterte Kenntnisse in der Reitlehre entsprechend den Anforderungen der Kl. L (DRA Kl. II Silber und M			
Mindestwertnote in allen Teilprüfungen	6,5	6,5	Durchschnittsnote 6,5, wobei keine Teilnote unter 5,5 liegen darf.	Durchschnittsnote 6,5, wobei keine Teilnote unter 5,5 liegen darf.

Prüfungsfächer	**DRA Kl. I** (Silber mit Lorbeer Dressur)	**DRA Kl. I** (Silber mit Lorbeer Springen)
Dressur	Kl. S auf Kandare	–
Springen	–	Springprüfung Kl. S mit Hindernissen bis 1,45 m
Theorie	Jeder Bewerber ist in allen 3 Fächern zu prüfen. Anforderungen entsprechend der jeweiligen Klasse: 1. Zäumen und Satteln: Zusammensetzen und Verpassen einer Trense und Kandare (DRA II und I), Auflegen von Trense, Kandare und Sattel; Bandagieren eines Pferdes. 2. Kenntnisse auf dem Gebiet der Reitlehre und Pferdehaltung sowie des Leistungsprüfungewesens (DRA III, II und I). 3. Kenntnis der einschlägigen Bestimmungen des Tierschutzgesetzes und des reiterlichen Verhaltens in Feld, Wald und auf Straßen. Umfassende Kenntnisse in der Reitlehre entsprechend den Anforderungen der Kl. S.	
Mindestwertnote in allen Prüfungen	Durchschnittsnote 6,5, wobei keine Teilnote unter 5,5 liegen darf.	Durchschnittsnote 6,5, wobei keine Teilnote unter 5,5 liegen darf.

Merkblatt der FN für Prüfer, die das Kleine, Große und Kombinierte Hufeisen, die Reiternadel, die Kombinierte Reiternadel und die Deutschen Reitabzeichen abnehmen

Allgemeines

Prüfungsvorbereitung

- Aufgabe des Lehrgangsleiters ist es, die Erfüllung der Zulassungsvoraussetzung gem. APO in jedem einzelnen Fall zu überprüfen. Die Prüfungskommission muß vor Beginn der ersten Besprechung über die Überprüfung der Zulassungsvoraussetzung informiert werden.
- Dispensanträge für das Prüfungsfach Springen müssen rechtzeitig vor der Prüfung bei der LK oder FN gestellt werden (unter Beifügung eines fachärztlichen Attestes neueren Datums). Die Dispenserteilung muß dem Richter am Tag der Prüfung vorliegen.
- Bewerber, die die Prüfung mit Dispens bestehen, erhalten weder das Abzeichen noch die Abzeichenkarte, sondern ein entsprechendes Formular für die Beantragung des Reiterausweises.

Hinsichtlich der zu erfüllenden Wartezeiten gelten folgende Bestimmungen:

- Keine Wartezeit zwischen Kleinem Hufeisen, Großem Hufeisen und Kombiniertem Hufeisen
- Keine Wartezeit zwischen Reiternadel und Kombinierter Reiternadel
- Keine Wartezeit zwischen Basispass Pferdekunde und Kleinem Reitabzeichen
- Drei Monate zwischen Kleinem Reitabzeichen und DRA III (Bronze)
- Ein Jahr zwischen DRA Kl. III Bronze bzw. Bronze/Dressur, Bronze/Springen und den Silbernen Abzeichen (Kl. II)
- Ein Jahr zwischen den Abzeichen Kl. II und Kl. I (Silber mit Lorbeer)
- Drei Monate zur Wiederholungsprüfung bei Nichtbestehen einer Teilprüfung (einschließlich Teilprüfung Geländereiten)
- Die Teilprüfung Geländereiten kann unabhängig von den übrigen drei Teilprüfungen als Einzelfach absolviert werden.
- Ein Dispens von der 3-monatigen Wartezeit zwischen dem Kleinen und Bronzenen Abzeichen ist nur in besonders begründeten Fällen auf Vorschlag des zuständigen Landesverbandes möglich.

Ausrüstung

Bei einer Sonderprüfung sind beim Reiten der Dressuraufgabe Bandagen/Gamaschen erlaubt.
Die Verwendung von Hilfszügeln in der Dressur ist beim Kleinen/Großen Hufeisen, bei der Reiternadel und der Kombinierten Reiternadel sowie dem Kleinen Reitabzeichen (DRA IV) zulässig.

Dabei sind folgende Hilfszügel gestattet:

- Ausbindezügel
- Stoßzügel
- Dreieckszügel – Martingal
- Bei Verwendung eines Stoßzügels sollte dieser an einem Verbindungssteg zwischen den beiden Trensenringen befestigt werden.
- Da die Verwendung von o.a. Hilfszügeln gestattet ist, darf hierfür kein Abzug von der Wertnote vorgenommen werden.
- In der Teilprüfung Springen und Geländereiten ist nur die Verwendung des Martingals erlaubt.
- Bei der Teilprüfung Geländereiten ist das Tragen einer Kappe mit Dreipunktbefestigung zwingend erforderlich. Jugendliche unter 18 Jahren müssen sowohl beim Springen als auch Geländereiten eine Kappe mit Dreipunktbefestigung tragen.

Bewertung

- Korrekturen des Ausbilders bzw. Kommandogebers während einer Teilprüfung sind unerwünscht. Es wird den Prüfern empfohlen, diesbezüglich vor Beginn der Prüfung mit dem Ausbilder zu sprechen.
- Wird in einer reiterlichen Teilprüfung nicht ganz deutlich, ob für Bestehen oder Nichtbestehen zu votieren ist, kann ggf. die zweite reiterliche Teilprüfung abgewartet werden. Sind die Leistungen hier dann über dem Durchschnitt, kann anschließend auch bei der ersten Teilprüfung auf »Bestehen« entschieden werden. Beispiel: Dressur unklar, ob noch gerade 5,0 oder nicht, Springen dann deutlich über 6,0, ermöglicht die Entscheidung: Dressur 5,0. Diese Regelung muß die Ausnahme bleiben und sollte nur in eindeutig begründbaren Fällen angewendet werden.
- Bei Nichtbestehen einer Teilprüfung soll die Vergabe einer direkt unter dem Grenzwert liegenden Note möglichst vermieden werden. Die Entscheidung »nicht bestanden« sollte durch eine klare Note zum Ausdruck kommen, z. B. im Grenzbereich von 5,0 nicht die Note 4,9, sondern die Note 4,5 verwenden.
- Während einer Teilprüfung beim DRA III, II und I darf sich der

Reiter nur auf einem Pferd vorstellen. Sollte er auf diesem Pferd z. B. durch 3-maliges Verweigern beim Springen versagen, kann er die Prüfung bzw. die Teilprüfung nach den Bestimmungen frühestens 3 Monate später wiederholen. Eine zweite Chance mit einem anderen Pferd während der gleichen Prüfung ist grundsätzlich nicht zulässig (Ausnahme nur in eindeutig begründbaren Fällen). Jedoch Ausnahme hiervon: Reiternadel und Kleines Reitabzeichen DRA IV.

- Das 3-malige Verweigern bei Absolvierung des Großen Hufeisens führt nicht zum Ausscheiden.

Kleines, Großes und Kombiniertes Hufeisen

KLEINES UND GROSSES HUFEISEN

- Die Anforderungen sind in der APO geregelt.
- Bei der Abnahme des Kleinen und Großen Hufeisens müssen als wichtigste Grundsätze gelten:
  a) Motivation der Reiter erhalten und möglichst fördern. b) Aus diesem Grunde sollten möglichst alle Teilnehmer, die sich der Prüfung stellen, bestehen.
- Kinder, die das Kleine bzw. Große Hufeisen ablegen, sollten sich mindestens im Grundschulalter befinden (ab 7 Jahre).
- Es sollten nicht mehr als acht Teilnehmer pro Reitgruppe zugelassen werden.
- Die Abnahme des Kleinen und Großen Hufeisens muß kindgerecht und so praxisnah wie möglich erfolgen.
- Die Beachtung und Bedeutung des Sicherheitsaspektes/Unfallschutzes einschließlich der Kenntnisse über das Pferdeverhalten und den Umgang mit dem Pferd müssen ein wesentliches Lehrgangs- und Prüfungsfach darstellen.
- Während bei dem Kleinen Hufeisen die reitpraktische Prüfung in Form eines Reiterwettbewerbes erfolgt, wird beim Großen Hufeisen die Prüfung in Anlehnung an einen Dressurreiter-Wettbewerb durchgeführt.
- In der Beurteilung der reitpraktischen Fähigkeiten muß sowohl bei dem Kleinen als auch Großen Hufeisen die Sitzgrundlage der Teilnehmer das Hauptkriterium darstellen.
- Dabei muß besonders auf den losgelassenen und ausbalancierten Sitz des Reiters geachtet werden. Bei dem Kleinen Hufeisen werden darüber hinaus die korrekten Ansätze zur richtigen Hilfengebung und die beginnende Kontrolle des Reiters über sein

Pferd (z. B. Temporegulierung und Abstand halten können), unabhängig davon, ob das Pferd mit einem Hilfszügel ausgerüstet ist oder nicht, bewertet.

- Bei dem Großen Hufeisen werden ausdrücklich die beginnende Einwirkung, Korrektheit der Hilfengebung, das Einhalten der Hufschlagfiguren und das reiterliche Verhalten des Teilnehmers während des Wettbewerbs beurteilt.
- Nach Beendigung der reitpraktischen Prüfung ist ein Kurzkommentar mit Aussagen zum Sitz und zur weiteren Ausbildung unerläßlich.
- Neben dem Dressurreiten wird bei dem Großen Hufeisen das Reiten im Außengelände/Außenplatz einschließlich des Reitens über Cavaletti oder kleine Sprünge in Anlehnung an einen Springreiterwettbewerb verlangt.
- Der Parcours soll dazu dienen, Kinder und Jugendliche an das Springreiten und das Reiten im Außengelände heranzuführen. Die Anforderungen dürfen daher nicht zu hoch angesiedelt sein und die Teilnehmer auf keinen Fall überfordern.
- Die Aufgabenstellung muß einfache Linienführung mit einigen lösbaren Springaufgaben beinhalten. Insbesondere der korrekte leichte Sitz, die Hilfengebung und die beginnende Einwirkung sollen überprüft werden.
- Die o. a. Teilprüfung kann nur in absoluten Ausnahmefällen in der Halle durchgeführt werden.

KOMBINIERTES HUFEISEN

- Die reitpraktische Prüfung erfolgt in Form einer von den Bewerbern selbständig zusammengestellten Aufgabe (2–4 Reiter).
- Verlangt wird auch Reiten mit verkürzten Bügeln.
- Im Springen wird ein von den Bewerbern selbständig zusammengestellter Geschicklichkeitsparcours (z. B. Stangenlabyrinth) einschließlich Überwinden 3–5 kleiner Hindernisse (Cavaletti, Kreuz etc.) verlangt.
- Von den drei Teilprüfungen muß mindestens eine im Reiten bzw. Voltigieren absolviert werden, die übrige(n) in einer anderen Sportart (vgl. S. 134f).

* | Das Kleine und Große Hufeisen können statt im Reiten auch im Voltigieren erworben werden (vgl. S. 132ff).

Reiternadel und Kombinierte Reiternadel

REITERNADEL

- Die Anforderungen für diese Prüfung sind in der APO geregelt.
- Auch bei der Abnahme dieses Abzeichens gilt der Grundsatz, die Motivation der Reiter zu erhalten und möglichst zu fördern. Die Bewertung der Leistungen im Dressurteil sollte in Anlehnung an die Kriterien einer Dressurprüfung der Kl. E erfolgen.
- Die Ablegung der Teilprüfung Springen ist nicht bindend vorgeschrieben. Alternativ wird der Balancesitz nach den Grundsätzen der Grundausbildung in allen drei Grundgangarten, einzeln und in der Gruppe verlangt, wobei Hilfszügel gestattet sind. Besonderer Wert bei der Beurteilung der Leistungen wird auf den losgelassenen und korrekten Sitz, die Hilfengebung und die Einwirkung des Reiters gelegt.
- Wird die Teilprüfung Springen absolviert, so muß dies in Form einer Stilspringprüfung der Kl. E erfolgen, wobei die Bewertung analog des Springreiterwettbewerbs (siehe Großes Hufeisen) durchgeführt wird.

KOMBINIERTE REITERNADEL

Verlangt wird im Bereich Reiten dasselbe wie beim Kombinierten Hufeisen (vgl. S. 151).

Kleines Reitabzeichen (DRA IV)

DRESSUR

- Voraussetzung ist der Basispass Pferdekunde.
- Die Bewertung der Leistungen in der Teilprüfung Dressur erfolgt in Anlehnung an die Kriterien einer Dressurprüfung der Kl. E. Der Ausbilder kann entscheiden, welche Variationen in die Aufgabe aufgenommen werden können (z. B. Zügel aus der Hand kauen lassen etc.). Verstärkungen sollten in dieser Klasse jedoch nicht verlangt werden.
- Bei der Beurteilung der Leistungen müssen die reiterlichen Leistungen im Vordergrund stehen. Die Sitzgrundlage (losgelassener und ausbalanciert sitzender Reiter mit entsprechender Einwirkung) muß Priorität haben.
- Es ist wahlweise Einzel- oder Abteilungsreiten (bis zu vier Reitern) möglich.
- Reiten ohne Bügel sollte gezeigt werden.

- Bei den zu vergebenden Noten müssen mit geringen Unterschieden Maßstäbe, wie bei den entsprechenden Prüfungen auf dem Turnier, gesetzt werden.

SPRINGEN

- Die Beurteilung der Teilprüfung Springen »Stilspringprüfungen der Kl. E« erfolgt nach den Kriterien der Beurteilung des Springreiterwettbewerbs. Dabei sind die in der APO festgelegten Anforderungen zu beachten.
- Beurteilt werden Sitz und Einwirkung des Reiters, die harmonische Bewältigung der gestellten Aufgabe und der Gesamteindruck während der Prüfung (Tempo, Weg, Stil), Hindernisfehler; Ungehorsam oder Sturz werden nicht bewertet, fließen jedoch in die Notenfindung ein, wenn sie durch den Reiter verursacht werden.
- Ein mißlungener Sprung darf die Notengebung nicht negativ beeinflussen, wenn sonst der gesamte Parcours flüssig überwunden wurde. Ponies haben bei gleicher Parcoursabmessung im Regelfall Distanzprobleme. Dies ist in der Note zu berücksichtigen. Das gleiche Problem kann auch bei Schulpferden auftreten. Ideal ist es, die Distanz entsprechend zu ändern.
- Galoppwechsel über Trab sind nicht nur zulässig, sondern sogar erwünscht. Überflüssiges Traben auf Strecken, auf denen auch galoppiert werden könnte, ist dagegen nicht positiv zu bewerten. In der Halle können längere Trabstrecken, z. B. in Wendungen wegen der Rutschgefahr, eher vertretbar sein als bei einer Prüfung im Freien.

GELÄNDEREITEN

- Zusätzlich zu den Teilprüfungen Dressur, Springen und Theorie kann der Bewerber die Teilprüfung »Geländereiten« absolvieren.
- Die Teilprüfung Geländereiten muß in Form eines Geländereiterwettbewerbs erfolgen.
- Nur durch die korrekte, vielseitige Ausbildung läßt sich der ausbalancierte und losgelassene Sitz entwickeln, der dann eine harmonische Hilfengebung ermöglicht.
- Es ist daher grundsätzlich zu empfehlen, die Teilprüfung Geländereiten in die Abzeichenabnahme mit einzubeziehen. Die Bewertung der Teilprüfung Geländereiten erfolgt analog zu der Bewertung des Springreiterwettbewerbes.

- Es sollten mindestens sechs geländetypische Sprünge (möglichst Bodenwelle, Graben, Wasserstelle etc.) unter Berücksichtigung des Sicherheitsaspektes angeboten werden.
- Die Note für die Teilprüfung Geländereiten wird in die Abzeichenkarte eingetragen und muß zum Bestehen mindestens 5,0 betragen. Die Reiter erhalten ein entsprechendes Sonderabzeichen. Die Note fließt jedoch nicht in die Bewertung des Gesamtabzeichens ein und kann somit, wenn sie unter 5,0 liegt, nicht zum Nichtbestehen führen. Für das Bestehen des Abzeichens werden nach wie vor die Teilprüfungen Dressur, Springen und Theorie bewertet. (Teilnehmer, die vor 1994 das Kleine Reitabzeichen absolviert haben, können die Teilprüfung Geländereiten nachträglich absolvieren).

THEORIE

- Das Niveau der Prüfungsfragen sollte sich an den Anforderungen der jeweiligen Klasse orientieren.
- Besonderer Wert ist auf das Themengebiet »Pferdehaltung und Umgang mit dem Pferd« zu legen. Hier sollten insbesondere die Verhaltenslehre und die daraus resultierenden Aspekte für den Umgang mit dem Pferd behandelt werden. Darüber hinaus ist die Behandlung der Verbandsnormen für Tierschutz und des Tierschutzgesetzes erforderlich (Potsdamer Resolution).
- Ebenfalls notwendig ist die Behandlung der Themengebiete, die den Unfallschutz und den Sicherheitsaspekt betreffen.
- Die theoretische Prüfung sollte in Gruppen mit nicht mehr als jeweils vier Teilnehmern erfolgen.
- Bei einer großen Anzahl von Prüflingen ist es durchaus zulässig, daß sich Richter trennen und dann jeweils ein anderes Sachgebiet prüfen.
- Es gibt die Möglichkeit, daß Richter selbst fragen oder den Ausbilder fragen lassen. Wenn man den Ausbilder fragen läßt, ist es jedoch unerläßlich, Zusatzfragen aus anderen Sachgebieten zu stellen.
- Wenn ein Prüfling seine Antworten begonnen hat, sollte man ihn zunächst sprechen lassen und nicht beim ersten Fehler unterbrechen, um ihm die erforderliche Sicherheit zu vermitteln.
- Die theoretische Prüfung sollte möglichst nicht zur Entscheidung »nicht bestanden« für die gesamte Prüfung führen. Dies ist bei der Fragestellung zu berücksichtigen.

- Zeigt sich ein Prüfling in den theoretischen Fächern sehr sicher, sollte man ihm durch einige Zusatzfragen die Möglichkeit eröffnen, eine besonders gute Wertnote zu erhalten.

PRÜFUNGSTEILE DER THEORIE FÜR DAS DRA IV

(siehe auch S. 152 ff.)

Zäumung und Sattelung

- Zusammensetzen einer Trense
- Auflegen von Sattel und Trense

Grundkenntnisse auf dem Gebiet der Reitlehre

- Der Dressursitz
- Der Springsitz
- Der Entlastungssitz
- Die Hilfen
- Paraden

Das Dressurviereck

- verschiedene Größen (20 x 40 m und 20 x 60 m) entsprechend der Prüfungen
- Bahnpunkte und entsprechende Maße
- Hufschlagfiguren

Ausbildungsskala (erste drei Punkte)

- Takt
- Losgelassenheit
- Anlehnung

Springen

- Abstände von Cavaletti für die drei Grundgangarten
- Reiten von Wendungen im Springsitz
- Abstände bei Doppelsprüngen
- Bewertung von Stilspringen

Reitabzeichen Kl. III

Bronze

DRESSUR

- Es muß eine Dressuraufgabe der Kl. A aus dem Aufgabenheft-Ausgabe 2000 geritten werden.

- Die hier zu vergebende Wertnote unterscheidet sich grundsätzlich kaum von der Wertnote, die bei einer Dressurprüfung Kl. A auf dem Turnier zu vergeben wäre. Gewisse Zugeständnisse an das Pferdematerial erscheinen jedoch denkbar. Die Beurteilung von Sitz und Einwirkung müssen bei der Notenvergabe im Vordergrund stehen.
- Abänderungen (z. B. Weglassung der Verlängerung der Tritte) bei der Dressuraufgabe sind nicht zulässig. In diesem Zusammenhang muß aber beachtet werden, daß Tempoverstärkungen, die nicht voll erreicht werden, in Relation zu den gezeigten Leistungen zu bringen sind. Eine nicht erreichte Verstärkung darf nicht allein ausschlaggebend für eine niedrigere Notengebung sein.
- Die Dressuraufgabe kann einzeln oder zu zweit geritten werden. Pferdewechsel sowie das Reiten ohne Bügel sind nicht zulässig.

SPRINGEN

- Der Parcours muß den Anforderungen einer »Stilspringprüfung mit Standardanforderungen der Kl. A« gem. LPO entsprechen. (Es empfehlen sich die Standardparcours 1 und 3).
- Die Beurteilung der Teilprüfung Springen »Stilspringprüfungen der Kl. A« erfolgt analog zu den Kriterien der Beurteilung des Springreiterwettbewerbs. Dabei sind die in der APO festgelegten Anforderungen zu beachten.
- Auch hier darf ein mißlungener Sprung bei einem sonst flüssig überwundenen Parcours nicht zu sehr ins Gewicht fallen.
- Hinsichtlich der Abmessung der Distanzen gelten die beim DRA IV aufgeführten Kriterien.

GELÄNDEREITEN

- Zusätzlich zu den Teilprüfungen Dressur, Springen und Theorie kann der Bewerber die Teilprüfung »Geländereiten« absolvieren.
- Die Teilprüfung »Geländereiten« muß in Form eines »Stilgeländerittes der Kl. A« erfolgen.
- Die Bewertung erfolgt analog zu der Bewertung eines Springreiterwettbewerbes.
- Der »Stilgeländeritt« sollte ca. 800 m mit annähernd 400–450 m Tempo betragen. Es sollten mindestens sechs geländetypische Sprünge (Bodenwelle, Graben, Wasserstelle etc.) unter Berücksichtigung des Sicherheitsaspektes einbezogen werden.

THEORIE

- Es gelten die beim DRA IV aufgeführten Kriterien

PRÜFUNGSTEILE DER THEORIE FÜR DAS DRA III

Zäumung und Sattelung

- Zusammensetzen und Verpassen einer Trense
- Zusammensetzen und Verpassen eines Sattels

Grundkenntnisse auf dem Gebiet der Reitlehre

- typische Lektionen der Klasse A
- korrekte Ausführung dieser Lektionen
- Hilfengebung für A-Lektionen
- die häufigsten Fehler, die dabei gemacht werden

Ausbildungsskala

- Takt
- Losgelassenheit und lösende Lektionen
- Anlehnung
- Schwung
- Geraderichten
- Versammlung und versammelnde Lektionen

Springen

- Richtverfahren
- Ausschlüsse

Bronze/Dressur und Bronze/Springen

- Bei der Prüfung Bronze/Dressur entfällt die Teilprüfung Parcoursspringen.
- statt dessen wird das Reiten im Trab und Galopp im Außengelände verlangt.
- In Dressur ist eine Dressurprüfung Kl. L auf Trense zu absolvieren.
- Bei der Prüfung Bronze/Springen entfällt die Dressuraufgabe.
- Statt ihrer sind das dressurmäßige Reiten von Springpferden und das Reiten im Außengelände zu zeigen.
- Bei beiden Prüfungen sind theoretische Kenntnisse entsprechend der Kl. L nachzuweisen.

Reitabzeichen Kl. II

Silber

DRESSUR

- Es muß eine Dressuraufgabe der Kl. L aus dem Aufgabenheft, Ausgabe 2000 geritten werden.
- Zäumung: Kandare.
- In der Note sollten die Verstärkungen ggf. nicht zu stark berücksichtigt werden. Es geht hier vornehmlich um Sitz und Einwirkung des Reiters und die korrekte Ausführung der Lektionen der Kl. L.
- Wichtig ist der sichere Umgang mit der Kandare.
- Generell gilt, daß der ständige Reiterfehler, der sich während der ganzen Prüfung fortsetzt, schwerwiegender bewertet werden muß, als ein einmaliges Mißlingen einer Lektion.

SPRINGEN

- Der Parcours muß den Anforderungen einer »Stilspringprüfung mit Standardanforderungen der Kl. L« gem. LPO entsprechen. Hinsichtlich der Bewertung und der Distanz gelten die beim DRA IV aufgeführten Kriterien.

THEORIE

- Es gelten die beim DRA IV aufgeführten Kriterien.

PRÜFUNGSTEILE DER THEORIE FÜR DAS DRA II

Zäumung und Sattelung

- Zusammensetzen und Verpassen einer Trense und Kandare
- Auflegen von Sattel, Trense und Kandare
- Aufgabe und Wirkungsweise der Kandare

Typische Lektionen der Kl. L

- korrekte Ausführung dieser Lektionen
- Hilfengebung für L-Lektionen
- die häufigsten Fehler, die dabei gemacht werden

Anforderungen an das Reiten in Dressurprüfungen

(§ 405 LPO)

Ausbildungsskala

- Erläuterungen der Punkte 1–6
- Erläuterungen des Begriffes Durchlässigkeit
- Zusammenhänge zwischen den Punkten Springen
- Richtverfahren
- Ausschlüsse
- Abmessungen
- Kombinationen
- Distanzen

Silber/Dressur und Silber/Springen

Die Springprüfung bei der Prüfung für das Abzeichen Silber/Dressur entfällt.

- Verlangt wird eine Dressurreiterprüfung Kl. M auf Kandare.
- Bei Silber/Springen entfällt die Dressurprüfung.
- Verlangt wird eine Stilspringprüfung Kl. M.
- Bei beiden Prüfungen sind theoretische Kenntnisse entsprechend der Kl. M nachzuweisen.

Reitabzeichen Kl. I

Silber mit Lorbeer

- In Dressur ist eine Dressurprüfung der Kl. M auf Kandare zu reiten.
- Im Springen wird eine Stilspringprüfung der Kl. M verlangt.

Silber mit Lorbeer/Dressur bzw. Springen

- Bei der Prüfung **Silber mit Lorbeer/Dressur** wird eine Dressurprüfung Kl. S auf Kandare verlangt. Das Springen entfällt.
- Bei der Prüfung **Silber mit Lorbeer/Springen** ist eine Springprüfung Kl. S mit Hindernissen bis zu 1,45 m zu reiten. Die Dressurprüfung entfällt.
- In der Theorie ist bei beiden Prüfungen entsprechend den Anforderungen der Kl. S zu prüfen.

Serviceteil

Nützliche Adressen

Deutsche Reiterliche Vereinigung (FN)
Freiherr-von-Langen-Str. 13
D-48231 Warendorf
Tel. 02581-63 62-0
Fax 02581-6 21 44

Bundesfachverband für Reiten und Fahren in Österrreich
Geiselbergstr. 26-35/512
A – 1110 Wien
Tel. 0222-74 99 26 10
Fax 0222-74 99 26 191

Schweizerischer Verband für Pferdesport (SVP)
Peter Häberli
CH – 3000 Bern
Tel. 031-8198711

Test Zentrum Reken (FS)
Frankenstr. 37
D-48734 Reken
Tel. 02864/24 34
Fax 02864/58 60

Kosmos Kompetenz Seminare für Reiter und Pferdehalter
Postfach 106011
D-70049 Stuttgart
Tel. 0711/21 91-270
Fax 0711/21 91-350

TTeam Deutschland
Bibi Degn
Hassel 4
D-57589 Pracht
Tel. 02682/88 86
Fax 02682/66 83

TTeam Österreich
Ruth & Martin Lasser
Anningerstraße 18
A – 2352 Guntramsdorf
Tel. 02236/4 70 00
Fax 02236/4 70 70

TTeam Schweiz
Doris Süess-Schröttle
Mascot Ausbildungszentrum AG
CH – 8566 Neuwilen
Tel. 071/6 99 18 25
Fax 071/6 99 18 27

Verein Deutscher Distanzreiter und -fahrer e.V.
Habichtstr. 77
45527 Hattingen
Tel. 02324/2 38 41
Fax 02324/5 41 91

Vereinigung der Freizeitreiter in Deutschland e.V.
Am Bauernwald 5b
81739 München
Tel. 089/60 60 81 68
Fax 089/60 60 81 23

Anschriften der Landeskommissionen für Pferdeleistungsprüfungen

Baden-Württemberg
Remsstraße 1
70806 Kornwestheim
Tel. 0 7154/18 06 32,
Fax 0 7154/18 0311

Bayern
Landshamer Straße 11
81929 München
Tel. 0 89/90 60 71,
Fax 0 89/90 60 72

Berlin-Brandenburg
Passenheimer Straße 30
Reiterstadion
14053 Berlin
Tel. 0 30/30 09 22 10
Fax 0 30/30 09 22 20

Hamburg
Schützenstraße 107
22761 Hamburg
Tel. 0 40/8 50 30 06 oder
8 50 30 06 07
Fax 0 40/8 51 42 33

Hannover-Bremen
Johannssenstraße 10
30159 Hannover
Tel. 05 11/3 66 55 23,
Fax 05 11/32 57 59

Hessen
Wilhelmstraße 24
35683 Dillenburg
Tel. 02771/2 30 55,
Fax 0 27 71/62 03

Mecklenburg-Vorpommern
An der B 104
18276 Mühlengeez
Tel. 03 84 50/2 01 60,
Fax 03 84 50/2 01 62

Rheinland
Endenicher Allee 60
53115 Bonn
Tel. 02 28/70 33 05 oder 70 35 35,
Fax 02 28/65 77 70

Rheinland-Pfalz
Burgenlandstraße 7
55543 Bad Kreuznach
Tel. 06 71/6 28 10,
Fax 06 71/6 83 51

Saarland
Hermann-Neuberger-Sportschule
Gebäude 54
66123 Saarbrücken
Tel. 06 81/387 9-241 oder 38 79-239,
Fax 06 81/38 79-268

Sachsen
Winterbergstraße 98
01237 Dresden
Tel./Fax 03 51/2 51 21 77

Sachsen-Anhalt
Postfach 1240
39029 Magdeburg
Thiemairstraße 18
39128 Magdeburg
Tel. 03 91/2 56 01 23 oder 2 56 01 24,
Fax 03 91/2 56 01 34

Schleswig-Holstein
Eutiner Straße 27
23795 Bad Segeberg
Tel. 04551/88 92-0,
Fax 04551/88 92 20

Thüringen
Arndtstraße 5
99096 Erfurt
Tel. 03 61/3 46 07 42,
Fax 03 61/3 46 07 43

Weser-Ems
Mars-la-Tour-Straße 6
26121 Oldenburg
Tel. 0441/88 23 70
Fax 04 41/8 31 63

Westfalen
Sudmühlenstraße 33
48157 Münster-Handorf
Tel. 02 51/3 28 09-82
Fax 02 51/3 28 09-66

Zum Weiterlesen

BARTZ, JÜRGEN: Bis der Tierarzt kommt; Erste Hilfe für Pferde, Stuttgart 1996
BARTZ, JÜRGEN: Check Plan Pferdegesundheit, Stuttgart 1998
ENDRES, CORNELIA: Das Deutsche Reitpony; Partner in Freizeit und Sport, Stuttgart 2000
GOHL, CHRISTIANE: Pferdekunde; Basiswissen rund ums Pferd, Stuttgart 1999
GOHL, CHRISTIANE: Entspannt Reiten, Stuttgart 1992
HAWCROFT, TIM: Kosmos-Lexikon Pferdekrankheiten, Stuttgart 1998
HÖLZEL, WOLFGANG / HÖLZEL, PETRA: Der Reitpass, Stuttgart 2000
HÖLZEL, WOLFGANG / HÖLZEL, PETRA / PLEWA, MARTIN: Profitips für Reiter; Grundlagenarbeit, Springausbildung, Dressurtraining, Stuttgart 1992
HÖLZEL, WOLFGANG / HÖLZEL, PETRA: Das eigene Pferd; Kauf, Haltung, Reiten, Stuttgart 1991
HÖLZEL, WOLFGANG / HÖLZEL, PETRA: Mentales Training für Reiter; Der neue Weg zum erfolgreichen Reiten, Stuttgart 1995
HÖLZEL, WOLFGANG / HÖLZEL, PETRA: Sicher Reiten; Unfallfrei in Stall, Reitbahn und Gelände, Stuttgart 1990
HOLTAPPEL, ANTJE: Die beste Zäumung für mein Pferd, Stuttgart 1997
MEIER, REINHARD: Selbständig Reiten; Ziel und Aufbau des Trainings, Stuttgart 1996
NEUMANN-COSEL-NEBE, ISABELLE VON: Trainingsplan Reiterpaß, Stuttgart 1998
SCHACHT, CHRISTIAN: Pferdekrankheiten; Vorbeugen, erkennen und richtig handeln, Stuttgart 1999
SCHUMACHER, JOCHEN/KRÄMER, MONIKA: Reiten lernen mit allen Sinnen; Die Rekener Reitschule, Stuttgart 1999
SINGLE, KARL / RAUE, THOMAS: Reiten lernen; Vertraut mit dem Pferd von Anfang an, Stuttgart 1999
STERN, HORST: So verdient man sich die Sporen, Stuttgart 1997
STRÜBEL, SUSANNE: Springen lernen; Erfolgreich in Parcours und Gelände, Stuttgart 2000
TELLINGTON-JONES, LINDA: Die Linda Tellington-Jones Reitschule, Stuttgart 1996
ZOLLER, KIRSTIN: Probleme mit dem Pferd; Schritt für Schritt zum harmonischen Miteinander, Stuttgart 2000

Register